《家庭教育指导手册》编写委员会

主　任　朱之文

副主任　杨银付　孟繁华　丛中笑　张东燕

委　员（按姓氏笔画排序）

于会祥　马学阳　王　东　王晓燕　边玉芳　朱　婷
刘长铭　孙云晓　李　烈　杨彩霞　张　爽　张海波
赵　刚　赵忠心　高书国　蔺秀云　霍雨佳

《家庭教育指导手册　学校卷》编写组

主　编　孟繁华

副主编　张　爽

编写专家（按姓氏笔画排序）

于会祥　王　东　王　楠　王晓燕　师月月　刘　帆
刘向娟　杨文芝　杨彩霞　张玲玲　科建宇

《家庭教育指导手册　家长卷》编写组

主　编　丛中笑

副主编　霍雨佳　马学阳

编写专家（按姓氏笔画排序）

马筱薇　王　萍　王润洁　边玉芳　任金涛　刘建国
苏　元　肖凤秋　邱天敏　张　妮　张海波　果静雅
岳　丽　单志艳　赵　刚　胡　迟　胡谱忠　钟晓琳
贺明菊　崔　岳　谢　娟　蔺秀云　霍　亮

《家庭教育指导手册》丛书总目

学校卷
家长卷（学前篇）
家长卷（小学低段篇）
家长卷（小学中高段篇）
家长卷（初中篇）
家长卷（高中篇）

丛书责编 刘立德 韩华球
本册责编 杨 燕

家庭教育指导手册

家长卷（小学低段篇）

中国教育学会　组织编写

人民教育出版社
·北京·

图书在版编目（CIP）数据

家庭教育指导手册 . 家长卷 . 小学低段篇 / 中国教育学会组织编写 . — 北京：人民教育出版社，2020.11（2020.12 重印）

ISBN 978-7-107-34810-5

Ⅰ . ①家… Ⅱ . ①中… Ⅲ . ①小学生—家庭教育—手册 Ⅳ . ① G78-62

中国版本图书馆 CIP 数据核字（2020）第 228758 号

家庭教育指导手册　家长卷（小学低段篇）

出版发行　人民教育出版社

（北京市海淀区中关村南大街 17 号院 1 号楼　邮编：100081）

网　址　http://www.pep.com.cn

经　销　全国新华书店

印　刷　北京盛通印刷股份有限公司

版　次　2020 年 11 月第 1 版

印　次　2020 年 12 月第 2 次印刷

开　本　890 毫米 ×1 240 毫米　1/32

印　张　7.25

字　数　112 千字

定　价　26.00 元

序

办好教育事业，家庭、学校、政府、社会都有责任。家庭教育关系孩子终身发展，关系千家万户幸福，关系社会和谐稳定。党的十八大以来，习近平总书记多次强调，要“注重家庭、注重家教、注重家风”，“家庭是人生的第一所学校，家长是孩子的第一任老师，要给孩子讲好‘人生第一课’，帮助扣好人生第一粒扣子”。总书记关于家庭教育的重要论述，为我们做好家庭教育工作指明了前进方向，提供了根本遵循。

随着社会的发展，家庭面临着社会现实情况的变化，家庭教育出现了一些问题和误区。相当长一段时间以来，不少家庭往往只有一个孩子，于是多个大人呵护着一个孩子；由于年轻父母工作忙，越来越多的老人在帮助带孩子，两代人因育儿理念不一致而产生家庭教育的种种问题；特别是社会竞争带来的学业、考试、升学的压力，使家长产生了焦虑情绪。有些家长缺乏对教育规律的认识，缺乏育儿知识，往往把压力转移到孩子身上，使孩子身心不能健康地发展。有些家长对孩子期望值过高，除了要求孩子在学校中必须获得优异成绩外，还让孩子参加各种校外补习班、培训班，增加了孩子的学业负担和心理压力。有的学校办学与家长缺少沟通，致使家庭教育与学校教育割裂，家长对学校的教育教学工作，特别是教育教学改革不理解、不支持，学校素质教育难以推动。因此，家庭教育非常重要。没有家庭的支持配合，学校的工作就会事倍功半。

现在许多学校成立了家长委员会，有的还建立了家长学校，但缺乏科学的全面的家庭教育的内容。因此，编写《家庭教育指导手册》(以下简称《手册》)，让校长、教师和家长都能了解家庭教育是怎么回事，如何对孩子有效地进行教育，就非常有必要。《手册》把向教育工作者和家长传达正确的教育观念、科学的教育方法，帮助学校和家庭建立起和谐、紧密的沟通联络关系，指导家长与学校共同培养身心健康、积极向上的孩子，作为编写宗旨，这也是值得充分肯定的。

一直以来，教育部高度重视家庭教育工作。特别是近年来，教育部会同相关部门印发了一系列文件，要求各地认真贯彻落实文件要求，积极开展家庭教育指导工作，不断探索家庭教育有效途径和方式，各地也涌现出了很多典型经验和做法，我国家庭教育工作取得了显著进展。2019年，教育部把推进“家校协同育人”攻坚行动列入“奋进之笔”攻坚计划，编写《手册》就是其中的一项重要工作。《手册》总结了当前家庭教育领域的最新理论成果和前沿知识，借鉴了各地家庭教育工作的典型经验和做法，围绕不同学段学生的身心特点、认知规律以及家庭教育需求，介绍了家庭教育知识和方式方法，语言平实，可读性强，易于学校的使用及家长的理解和操作。我认为，《手册》的推广使用，对各地教育部门、中小学、家长开展家庭教育工作将发挥积极的推动作用。

我经常说，无论是学校教育还是家庭教育都要回归教育的本质，那就是要立德树人，让孩子身心健康发展，快乐地成长。我相信，通过各地教育部门、中小学、广大学生家长和社会的共同努力，不断转变教育观念，改善教育方法，我们就一定能够形成家庭教育的良好氛围，促进我们的孩子幸福生活、健康成长！

2020年9月5日

（顾明远先生为北京师范大学资深教授、教育部社会科学委员会副主任、国家教育咨询委员会委员、中国教育学会名誉会长）

前言

教育是家庭、学校、政府和社会共同的责任，家庭教育工作开展得如何，关系孩子终身发展，关系千家万户的切身利益，关系到国家和民族的未来。习近平总书记在2015年春节团拜会上讲话指出，要重视家庭建设，注重家庭、注重家教、注重家风；在2018年全国教育大会上，习近平总书记指出，“办好教育事业，家庭、学校、政府、社会都有责任”，“家庭是人生的第一所学校，家长是孩子的第一任老师，要给孩子讲好‘人生第一课’，帮助扣好人生第一粒扣子”，并要求教育、妇联等部门统筹协调社会资源支持服务家庭教育。习近平总书记关于新时代家庭教育的一系列重要论述，是我们做好家庭教育工作的根本遵循。

2019年，党的十九届四中全会审议通过了《中共中央关于坚持和完善中国特色社会主义制度推进国家治理体系和治理能力现代化若干重大问题的决定》，提出要“构建覆盖城乡的家庭教育指导服务体系”，“注重发挥家庭家教家风在基层社会治理中的重要作用”。2020年，党的十九届五中全会又明确提出“健全学校家庭社会协同育人机制”。

一直以来，教育部等相关职能部门高度重视家庭教育工作，先后印发了《全国妇联教育部中央文明办关于进一步加强家长学校工作的指导意见》《教育部关于加强家庭教育工作的指导意见》《关于指导推进家庭教育的五年规划（2016—2020年）》《全国家庭教育指导大纲（修订）》《家长家庭教育基本行为规范》等一系列文件。在2019年召开的年度全国教育工作会议上，陈宝生部长特别强调：“要加强对家庭教育工作的支持，通过家委会、家长学校、家长课堂、购买服务等形式，形成政府、家庭、学校、社会联动的家庭教育工作体系。”

近年来，家庭教育工作取得许多积极进展，但还存在一些困难和问题。比如，一些家长承担监护职责的能力不够强，没有树立正确的教育观念，教育方法不够科学，不够尊重孩子权利，重智轻德的现象仍然存在，不够注重培养孩子的良好习惯，导致出现亲子关系紧张、孩子压抑、家长焦虑等问题；又如，家长与学校沟通配合不够，学校对家长如何开展家庭教育指导不够，导致家庭教育未能发挥应有的重要作用；再如，社会各界对家庭教育认识也不到位，家庭教育工作水平不高，家庭教育资源相对匮乏，相关体制机制也不够健全，学校教育、社会教育和家庭教育还没有形成良好合力……这些问题都将直接影响育人的质量。因此，高度重视家庭教育工作，切实加强对家庭教育工作的指导，在当前显得尤为重要。

为进一步增强家庭教育指导工作的针对性和有效性，推动各方高度重视家庭教育，2019年年初，教育部将“家校协同育人”攻坚行动列入“奋进之笔”攻坚计划，组织编写《家庭教育指导手册》便是其中一项重要工作。在教育部领导和基础教育司指导统筹下，中国教育学会成立专门工作组，组织众多家庭教育专家开展编写工作。《手册》分为学校卷（1册）和家长卷（5册）。学校卷基于教育部门和学校视角，期望通过学校、教师的努力，更好指导家长开展高质量的家庭教育，与学校教育形成合力，充分发挥学校在家庭教育中的指导作用；家长卷基于家长视角，以问题为导向，坚持遵循教育规律，以青少年儿童发展为本，将科学的教育理念和教育方法落实到家庭教育的实践中，引导家长更好地担负起家庭教育的首要责任。

《手册》家长卷的主要观点如下。

第一，家庭教育要坚持立德树人。落实立德树人根本任务，要体现德育为先、五育并举。习近平总书记强调，我国是中国共产党领导的社会主义国家，这就决定了我们的教育必须把培养社会主义建设者和接班人作为根本任务；要努力构建德智体美劳全面培养的教育体系，家庭教育是其中的重要一环。《手册》倡导广大家长要提高政治站位，引导孩子形成正确的世界观、价值观和人生观，教育引导孩子培育和践行社会主义核心价值观，按照《新时代公民道德建设实施纲要》《新时代爱国主义教育实施纲要》的要求，用良好家教家风涵育道德品行；要注重孩子的兴趣和特长，树立正确学习目标，培养良好学习习惯，创造良好学习环境，既配合学校完成教学任务，又充分发挥自身独特价值；要帮助孩子获得运动技能，满足兴趣爱好，养成运动习惯；要通过阅读、践行文明礼仪、家庭环境装饰、发展艺术特长等方面，培养孩子认识美、爱好美和创造美的能力；要高度重视劳动教育，在家庭生活中引导孩子形成劳动观点，认识劳动价值，激发劳动兴趣，学会劳动技能，养成劳动习惯。

第二，家庭教育要坚持家长主责。家长在家庭教育中负有主体责任，要依法依规履行对子女的监护职责和抚养教育义务。《手册》坚持需求导向，强调家长的言传身教，既注重解决家长经常遇到的实际问题，帮助他们掌握家庭教育理念和方法、提升科学施教的能力，又强调发挥家长的积极性和主观能动性，引导家长注重提升自身素质，以榜样的力量影响儿童，进而促进亲子互动、共同提高。

第三，家庭教育要坚持尊重青少年儿童。家庭教育的基础是对青少年儿童的尊重，主要表现在保护青少年儿童权利、尊重青少年儿童成长规律这两个方面。《手册》以尊重和保护青少年儿童权利为出发点，将“青少年儿童是独立的权利主体”视角贯穿其中，除了学校卷1册外，同时依据学前、小学低段、小学中高段、初中、高中的不同特点编写家长卷5册，按教育内容划分专题，根据青少年儿童成长规律和相应年龄学段的特点选择相应教育内容。

第四，家庭教育要坚持协同育人。家庭、学校、社会是促进儿童健康成长的共同体，这是新时代家庭教育的鲜明特征。家长要认识到家校社协同育人的重要意义，主动参与家校社协同教育。《手册》以问题为导向，选取目前家校社协同育人的突出问题设立专题，具有很强的时代感。这些专题都是现代家长需要了解和掌握的家庭教育重要内容。

《手册》家长卷共分“品德培养”“学习指导”“身心健康”“安全教育”“媒介素养”“性教育”“家庭沟通”“父母成长”等八个专题，本着科学、实用、有效的原则，从不同年龄段孩子的常见问题入手，以解决问题为目标，剖析常见的教育案例，循序渐进地进行家庭教育原理的阐发及家庭教育指导方法的分享，避免了从理论到理论、从概念到概念的枯燥说教，尽量采用鲜活的实例、生动的语言，进行深入浅出的分析，旨在支持和帮助广大家长树立科学的家庭教育观念、学习基础的家庭教育知识、掌握和运用有效的家庭教育手段和方法。

家庭教育，任重道远。愿《手册》成为家长科学育儿的好帮手，让我们共同努力，为家庭教育、学校教育、社会教育合力的形成做出应有的贡献。

本册适于一、二年级儿童家长阅读。

中国教育学会

2020年10月

目录

专题一 品德培养

专题二 学习指导

专题三　身心健康

专题四　安全教育

专题五 媒介素养

专题六 性教育

专题七 家庭沟通

专题八　父母成长

专题一
品德培养

孩子的早期教育，指4岁至13岁，从幼儿园到小学毕业阶段，以“童蒙养正”为主，注重端正心性与行为培养。进入小学后，孩子将从游戏生活逐步过渡到有一定规范性的学习生活，孩子在小学低段能否较快地适应学校的规范化要求、能否学会与老师同学交往、能否学会过集体生活等，将影响孩子未来的学习、人际交往与社会适应。

随着孩子进入小学，家长对于孩子学习成绩的焦虑日渐凸显。因此，在小学低段，家长需要注意：孩子对学校、对学习的热情比孩子的学习结果和成绩更为重要，让孩子在家庭关系中感受到温暖、秩序和力量，比孩子获得好成绩更为重要；如果过于关注学习成绩而忽略了孩子在学校和家庭生活中的品德发展，将会得不偿失。在这一阶段，家长需要关注孩子的规则意识、对家庭和学校的情感、对家乡和国家的情感与态度。

本专题围绕小学低段儿童的品德培养，选取了提高自理能力、学习交往礼仪、懂得爱亲敬长、尊重理解老师、融入集体生活、学习垃圾分类、参与家务劳动等专题进行分析。在家庭教育引导方面，引导家长营造良好的家庭氛围，创造教育机会，培养孩子自己的事情自己做的能力；帮助孩子学会人际交往的基本礼仪；不仅关注孩子在学校学习的问题，更要关注孩子在学校和课堂的规范适应问题；注重家庭秩序，为孩子做好爱亲敬长的示范；在自己先适应老师的前提下，帮助孩子适应老师；积极参与学校和班集体活动，通过家校合作支持孩子的发展。

一、提高自理能力

案例

放学回家时，妈妈发现向向的喝水杯没有带回来。向向说，今天下午去操场活动，把水杯放在操场边上，活动结束后，自己忘了拿。这已经不是向向第一次落东西了。妈妈心里一面自责早晨没有提醒孩子把水杯带回来，一面又为不知道如何改掉孩子丢三落四的毛病而苦恼。

向向爸爸的工作忙，向向主要由妈妈带。自从向向开始读小学，妈妈就对孩子的学习生活上心：每次放学后帮她整理家庭作业清单，督促她做作业、检查作业、整理书包。当发现向向有丢三落四的情况后，妈妈便把“记得……”挂在嘴边了。尽管妈妈的提醒有些效果，但向向丢三落四的毛病似乎总也改不掉。

解　析

自理能力，是指一个人独自处理与自己相关的各种事务的能力，与自己相关的事务包括日常生活琐事、人际关系等，自理能力既体现了一个人的行为习惯，也体现了与个人行为相关的心智能力。孩子自理能力的培养，各年龄阶段有关联性，也有不同的关注点。例如，小学阶段的自理能力与学校的学习和生活密切关联，包括学会整理自己的文具盒、书包，收纳好自己的物品，自己排队取餐、用餐，记录自己的学习任务，等等。自理能力强的孩子，对学校生活的适应更快，能够更好地跟上老师的节奏，更容易进入较好的学习状态。

从案例可知，这是一位温柔的、尽心的妈妈，当孩子出现丢三落四的情况时，她没有呵斥和责备，而是思考如何帮助孩子面对问题。遗憾的是，妈妈看到了孩子在适应学校生活方面的一些问题，却归因失误——认为这是孩子的粗心、记不住导致的丢三落四。她希望通过提醒孩子“记得”来解决问题，但没有解决孩子的问题。妈妈的“帮忙”出于好意，实际上却阻碍了孩子自理能力的发展。在这样的“帮忙”下，向向将更加难以形成学习的自主意识和生活的自理习惯。

家教指导

培养孩子的自理能力，家长可以从以下三个方面着手。

1. 充分尊重和信任孩子

培养孩子的自理能力，家长需有充分的认识，要看到孩子在适应学校生活方面的心理压力和现实困难，给予理解、支持和信任。孩子踏入小学意味着他将在校园里独自面对学校生活，家长需要有这个意识。家长可以在家庭生活中指导、代办，但不能代替孩子在学校里处理各种事务，需要教会孩子自己去面对和处理。这对六七岁的孩子来说，并不容易，家长应少苛责，用孩子听得懂的、具体可操作的话语教导，才可能真正帮到孩子。

2. 营造良好的家庭氛围

良好的家庭氛围可以潜移默化地影响孩子。如果家长在家庭生活中能够做到物品有条理、生活有秩序，那么培养孩子的自理能力就更为容易。例如，家里的空间是有序的（空间分区），家长或孩子的卧室有睡眠区、学习区、娱乐区、储物区等，不同的家用物品被分类放置到相应区域，并且空间内保持整洁，那么，孩子在学习整理自己的书包和课桌时就很容易形成空间分区的意识，有条理地放置物品。当书包整理得有条理了，孩子在课堂上拿取物品也就有条理了。

3. 让孩子独立完成力所能及的事情

进入小学，有些事情是孩子能够并且应该独立完成的，家长一定要有意识地让孩子做以下事情：独立完成饮食起居，有意识地参与餐具摆放、自取餐具、自己收拾，自己按点起床睡觉、穿衣洗漱等；独立整理自己的学习物品，小到文具盒、书包，大到课桌、书房等；独立记录和完成自己的学习任务，如果遇到问题或困难，应该自己主动寻求必要的帮助和支持；独立完成分配给他的、力所能及的家务劳动。

二、学习交往礼仪

案 例

周末，小唐邀几位好友到家里来聚餐，其中一位是他的大学室友小张。读书时，小张头发稀少，室友们开玩笑地称呼他“张光头”。小唐的儿子刚入一年级，正在学习围棋，虽然有些调皮，但小唐为儿子的聪明感到高兴。小唐见到小张时激动地称呼对方“张光头”，儿子听到这一称呼觉得很新奇，居然也跟着大呼“张光头”。小唐有些不好意思，但也拿孩子没有办法，只好以孩子调皮为由向老同学解释。席间，小唐夸儿子聪明，小张听闻孩子在学围棋，想和他讨论，谁知孩子满脸不屑地说：“张光头，你都光头啦，还说话！”场面一时很尴尬，小唐赶紧教育儿子。小张虽没有再说什么，但也露出不快的表情。

解 析

好奇是孩子的天性，模仿也是人类天生的本能。在家庭生活中，孩子的行为大多通过有意地或无意地模仿父母的行为而习得；对于孩子不适宜的模仿，家长需要教育和引导。其实，称呼是一个孩子与他人建立关系的开始，如果孩子不懂得礼貌地称呼他人，那无论他的天资如何聪慧，都会表现得缺失教养。

在本案例中，小唐的儿子看上去是一个无礼的孩子，但这种无礼却是在小唐的“纵容”之下逐渐滋长起来的。儿子第一次称呼“张光头”时，主要源于好奇与模仿，看到爸爸这样称呼一位朋友，觉得好玩儿。儿子第一次失礼的称呼是儿童的天性使然，遗憾的是，家长未能严肃地对待，没有教导孩子人际交往的基本礼仪。如果说父亲在孩子第一次失礼时教导失职，那么，在孩子第二次失礼时，父亲的教导仍然是软弱无力的。

小唐两次对孩子的教导都不注重效果，而像是一种场面上的搪塞，他既没能让孩子纠正行为——更正自己失礼的称呼，也没有让孩子为自己的失礼负责——向张叔叔道歉。这样的教导行为本身也会削弱父亲在儿子心中的权威形象，若长此以往，孩子的失礼也将会指向父亲。

家教指导

在交往中，人们用礼仪来表达对他人的尊重和友好；一个人的言语表达和行为举止适宜情境、合乎礼仪，是教养的重要表现。对孩子来说，礼仪是与他人交往时必不可少的一门学问。进入小学，孩子会接触老师、同学及其家长等更多的人，在家庭生活中也不再被视为无知的孩童，孩子应当学会一些人际交往的基本礼仪，家庭教育中应注意以下几点。

1. 家长要注重自身的榜样示范作用

身教重于言传，父母的一言一行都会被孩子看在眼里。因此，要教导孩子懂礼貌，家长自身就需要了解和重视交往礼仪，做好榜样。父母平日里热情待人、礼貌处事，会让孩子觉得文明礼貌地与人交往是一件愉悦而正常的事情，也会自然地去模仿。有时候，家长为了表示亲切，往往在朋友或亲近的人的姓前加上“老”“大”或“小”等字，比如“老张”“小侯”等，或是称呼彼此默契的外号，但家长一定要注意这些称呼是否对孩子有负面影响，要向孩子说清称呼使用的原因和场合。

2. 注重在日常生活中对孩子的礼仪教育

交往礼仪遍及生活的各个方面。例如，家里来客人了，孩子需要了解待客之道，知道如何做好小主人；带孩子去别人家里，孩子应知道作为客人需要遵循哪些礼节，可以做什么，不可以做什么；在生活中，孩子应懂得一个人应如何礼待比自己年长的人，如何善待比自己年幼的人。教孩子待人接物的礼仪，不仅在教孩子某种行为方式，而且能培养孩子对社会基本秩序的学习和适应，是帮助孩子成为一个合格的社会人的基本条件。

3. 家长要引导并提示孩子注意交往技巧

在同孩子一起与人交往的时候，父母可以引导或提示孩子一些如何打招呼、如何与人协商等交往的技巧。例如，家长应教导孩子有见人打招呼的意识，并教孩子恰当地使用“您好”“谢谢”“对不起”等礼貌用语；教孩子学会用敬称也是必要的，注意称呼他人时应当亲切、自然、准确、合理，不可随意而为。

此外，家长还应特别关注孩子和他的朋友之间是否有绰号，如果发现，要及时纠正。孩子须知道：在学校中，不给同学起绰号，不随意以道听途说来的绰号去称呼别人，杜绝一切对他人有侮辱性质的称呼。还应注意，教孩子不随便拿别人的姓名开玩笑，要懂得尊重一个人从尊重他的姓名开始。

三、懂得爱亲敬长

案 例

一位父亲分享了自己的家庭故事“我的生日给娘过”：某年的3月，又快到我的生日，忽然想起一句话来，“孩的生日，娘的难日”，我决定，我的生日给娘过！和妻子一说，她非常支持我这个想法，并亲自精心挑选了平时娘爱吃的东西，给娘买了一身衣服和一双鞋子，又买了各种水果和饭菜。我们两人带着孩子一起回到老家。一见到娘，妻子和孩子忙将给娘准备好的东西拿给娘看，妻子说：“妈！今天是友伦的生日，给您过！感谢您当年的今天生了他，这么多年养大了他！为咱这个家付出那么多！”娘的眼泪一下子就涌了出来，“都是父母给孩子过生日，哪有给娘过的？”上一年级的女儿赶忙凑过来说：“奶奶，感谢您，当年生了我爸爸，他才有了我呀！”

从这一天开始，多年来，我的生日给娘过，妻子的生日给岳母过，两个女儿的生日给妻子过。平时，两个女儿将零用钱攒下来，计算好日期，待到临近自己生日时，给妈妈买点小东西，或者做个小手工，或者将一张高分数的试卷送给妈妈，表达对妈妈的感恩之情，我明白这就是家长示范的魔力呀！

解 析

家庭教育不同于学校教育的一个重要特性在于“生活性”，它发生于日常生活中。有学者指出，家庭的生存方式包括人类基本的衣食住行等维持生存的活动，以亲子、血缘为纽带的交往活动，日常生活的观念活动等，其特点是直观性、重复性、经验性和习惯性，这就构成了“示范”与“效仿”的前提条件。因此，在家庭生活中，大量的教育是发生在孩子的观察与模仿之中的，家长的日常行为，无论有意的或是无意的，都将成为对孩子的“示范”。家庭的教育就这样凭借与生活的一体性，凭借生存方式日复一日的重复，塑造孩子的经验和行为。

在本案例中，“我的生日给娘过”是一个令人温暖和感动的做法，父母为孩子做了很好的榜样。虽然这位父亲决定自己的生日给娘过的时候，是出于最真实的、对娘亲的热爱和感恩，而不是为了给女儿做一个示范，孩子却在这个真实的生活经历中习得对父母的敬爱。孩子与父母一起回老家，亲自为祖母送上礼物，听祖母讲过去的事……在父母的示范与带领下，孩子在这种情感连接中，自然地感受父辈对祖辈的心意，感受的过程也是一种模仿和学习的过程。

家教指导

爱亲敬长，不仅是孩子在家庭生活中首先要学习的内容和学校德育课程的明确要求，而且是国家规定的每一位公民的法定义务。对孩子而言，爱亲敬长，是仁爱之心的发端。爱父母、爱家人，才可能善待身边的其他人（也才可能被他人善待），才可能爱家乡、爱祖国、爱世界。孩子爱亲敬长，才可能在身边构建一个充满爱的生活世界。那么，家长该如何做？

1. 重视家长的示范作用

家长在家庭生活中对长辈、亲友“以礼相待”，既丰富、温暖了家庭生活，也为孩子做出了榜样。家长自身孝顺长辈，孩子才会孝顺自己的爸妈，如果孩子长年看到家长对自己的父母冷漠，那么未来他也会成为这样的人。因此，家长应从自身做起，引导孩子做一个尊敬长辈、孝顺长辈的人。

2. 多为孩子创造了解和接触长辈的机会

尽量多创造机会让孩子和长辈接触，即使没有和长辈住在一起，但平时的问候和关心也不能少。同时，节假日要多回去看看长辈，家长也可以多给孩子讲讲长辈的故事。让孩子和长辈有接触的机会，才能加深彼此的感情，孩子才能感受到来自长辈的爱。

3. 注重孝道文化的传承

百善孝为先，可以让孩子多阅读一些古人的诗词和故事，让孩子知道孝是中华传统美德，用古人的事迹增进孩子对“孝”的理解，感受孝道文化的传承。同时，引导孩子以爱亲敬长为标尺，时常省察自己待人接物的态度与行为。

四、尊重理解老师

案 例

一位家长发现，因自己坚持没有让孩子参加数学老师推荐的辅导班，数学老师似乎总是挑孩子毛病，批评孩子。一次，孩子上课时俯身捡橡皮擦，数学老师正好看到了，就点名批评他不认真听讲。孩子回到家觉得委屈，问妈妈：“侯老师是不是不喜欢我，她今天又批评我了，可我没有不听讲，我只是在捡橡皮擦！”妈妈知道原委后，安慰孩子说：“侯老师一直很喜欢你呀，可能因为喜欢你，所以对你的期望和要求更高！”“真的吗？”“妈妈相信侯老师，也相信你！”孩子从妈妈这里获得了力量，又振奋起来。事后，妈妈主动与数学老师通电话，温和地向老师做出解释，表达孩子对老师的喜爱及家长对老师高要求的感谢，数学老师也渐渐地改变了对孩子苛刻的态度。

解 析

在本案例中，妈妈敏锐地觉察到孩子在学校的处境，并机智地解决了孩子和老师之间可能存在的误会与矛盾，还帮助孩子和老师建立起更好的师生关系。妈妈的解决方式充满了教育的智慧。她正确地认识和处理了亲子关系和师生关系，使孩子能更好地适应学校生活。遗憾的是，有一些家长对学校、对老师不太信任，一旦自己的孩子在学校里出现一点问题，便去找老师、找校长，似乎希望通过把事情闹大、给对方施加压力来解决问题。不得不说，这不仅不是家长解决问题的明智的办法，而且会伤害到孩子。

心理学、社会学谈到的“重要他人”概念，指在个体社会化及人格形成的过程中具有重要影响的具体人物。毫无疑问，自孩子出生，父母便是孩子的重要他人，而进入小学以后，老师是孩子的另一个重要他人。师生关系作为儿童生活中一种重要的人际关系，不仅影响孩子的学习、情绪、自我概念等方面的发展，而且会影响孩子的亲子关系、同伴关系。因此，对于很多刚入学的孩子来说，家长要进行恰当的教育引导，帮助孩子形成对老师的合理期待，以及与老师建立良好的师生关系。

家教指导

在孩子的入学适应中，家长帮助孩子与老师建立良好的师生关系，是非常重要的事情。从一定意义上讲，孩子要适应老师，家长也要适应老师，只有这样才能帮助孩子建立良好的师生关系。因此，家庭教育中要注意以下三点。

1. 家长须正确认识和看待老师，对老师形成合理期待

在注重人才竞争的时代，家长对孩子的高期待带来了对老师的高期待，家长需要以平和的心态看待老师，既不要将老师神化，也不要将老师恶魔化。理解每一位老师有自己的职业发展生涯，孩子可能会遇到一位新手老师，也可能会遇到一位即将退休的老教师，等等。无论如何，合理期待、尊重老师，是良好亲师关系的起点，也是孩子走出家庭、走向学校及社会的重要一课。

2. 学会沟通，理性处理冲突与矛盾

遇到问题，如果需要与其他家长、老师、学校进行沟通和协商处理，家长一定要有一个基本的认知：什么才是

真正为孩子好？对于小学低段的孩子来说，完成学校适应和构建良好的关系氛围是首要的。为孩子好，就要保护孩子，让孩子感受到良好的关系。但在现实中，很多家长都会用自以为好的方式或奔着自以为好的结果去做，这可能伤害了孩子却不自知。比如，一些家长认为自己的孩子受到欺负，就要为孩子出头出气。这种想法容易带来情绪化的结果，不仅无法妥善地解决问题，而且会伤害孩子。

3. 教育孩子公正合理地评价老师

教育孩子正确认识老师及其工作。一方面，家长可以通过给孩子讲教师职业光荣和崇高的道理，让孩子理解老师的辛勤劳动和春蚕到死丝方尽的无私奉献精神。另一方面，家长也要告诉孩子，老师也可能有犯错误的时候，要公正地评价老师，与老师一起学习，一起进步。

五、融入集体生活

案　例

彤彤刚入一年级时，爸爸妈妈正值事业打拼期，常常是爷爷奶奶接送孩子上学、放学，爸爸妈妈也无暇参加学校组织的家长志愿服务活动。渐渐地，老师开始找爸爸妈妈去谈话，反映彤彤学习生活的问题：彤彤似乎胆小内向，不愿参加集体活动。学期结束时，爸爸妈妈隐约地感觉到，彤彤在班里似乎是一个边缘孩子。

随后，因妈妈工作的关系，彤彤转学到另一所小学。这次，爸爸妈妈下决心不能再让彤彤成为一个边缘孩子了，他们想到的第一件事就是决定积极参与彤彤班级的活动，随时了解孩子在班级的情况，帮助孩子跟老师和同学们相处好。此后，彤彤的爸爸妈妈多次参加班级活动，争当志愿者，还参加了班级大扫除；彤彤看到爸爸妈妈的热情，也对班级生活产生了热情，主动积极地为班级服务，得到了同学的认可和老师的表扬，还获得了“星级好少年”称号。看到彤彤的变化，爸爸妈妈从心里感到高兴，也更加坚定了积极参与孩子班级生活的想法。

解 析

人的社会属性决定着人对集体生活的情感需要，希望在集体中被认可和被接纳，得到尊重和理解，从而获得安全感、归属感。一个孩子，只有在自己有安全感的环境中学习生活，才能更好地激发自信心。同时，通过集体生活，孩子才可能真正地涵养品德，发展个性。从孩子的成长来看，社会性发展与个性发展是一体两面的，即同一过程不同视角而已。一方面，通过分担集体事务、承担不同角色，孩子可能得到锻炼，在处理各种关系及问题的过程中体验责任，涵养品德，养成人际交往的基本态度与能力；另一方面，集体生活给孩子一个展示的舞台，只有热爱集体，融入集体，才可能在集体中展示自己，发展自己，成就自己。

在本案例中，家长一开始忽略了孩子的学校生活，没能很好地帮助孩子学会处理各种新关系以适应集体生活。所幸家长的敏感与责任心，使他们很快地做出改正。在孩子转学后，家长很好地帮助孩子融入新的集体生活。家长敏锐地意识到孩子是需要过集体生活的。为了帮助孩子适应新的环境、融入集体生活，家长首先主动融入孩子的班级生活，这样的做法不仅能帮助孩子搭建积极的师生关系，而且有助于培养孩子对班级生活的安全感、信任感。同时，彤彤真正的改变也是源于参加到集体生活中，通过分担事务、为大家服务，让老师和同学认识自己，在他人的评价中逐渐形成了新的自我评价，从而获得了自我发展。

家教指导

家长如何帮助孩子快速地融入集体生活呢？

1. 家长要有意识地关注、参与孩子集体的建设

孩子如果能够感受到家长对于自己班集体的关注、重视，对于自己班集体的了解和期待，会更容易对班集体产生安全感、认同感，更愿意融入所在班级的集体生活。因此，家长在孩子班级的建立之初就应有意识地关注、参与班级建设。例如，积极参选家委会、通过家委会推动集体建设，万一未能入选家委会，也可以积极支持家委会的工作（包括建言献策、配合工作、积极反馈等）。

2. 对集体活动保持积极态度

随着孩子进入小学，家长会发现在日常学习之外，学校还有各种各样的活动，例如科技节、文化节、体育运动会、绘画展等，有些活动需要家长帮助或指导孩子去完成，有些活动需要家长做志愿者服务……对此，家长要有积极的态度。在小学阶段，丰富的集体活动和校园生活，有助于扩展孩子的学习经验，促进孩子多方面素养的发展。家长应看到集体活动的教育价值，尽可能多地参与学校和班集体的活动，通过家校合作，支持孩子在各种集体活动中获得发展。

3. 鼓励和帮助孩子参加集体活动

家长应支持、鼓励孩子参与集体事务、参加集体活

动。一些家长常以现实的好处（比如是否有利于评价、评分等）作为是否支持孩子参与集体事务的判断依据，其实，对孩子来说，参与的过程就是学习和成长的过程，参与本身就是好处。

六、学习垃圾分类

案　例

小月家所在的小区最近要开始实行垃圾分类了，小月家也收到了几个分类垃圾桶和一本看上去很复杂的分类手册。妈妈告诉小月，以后垃圾不可以随便扔了，要按要求分类放到不同的桶里，小月却说："妈妈，我们为什么要垃圾分类呀，这些分类规则这么复杂，每次丢垃圾之前都要查一下也太麻烦了吧。"妈妈一时语塞，不知道该如何向小月讲明白垃圾分类的道理。

解　析

我国正处在经济社会快速发展时期，生活垃圾的产出量与日俱增。这些垃圾如果得不到妥善的处理，就会污染环境，危害人们的身体健康。我国目前对于生活垃圾的处理以填埋和焚烧两种方式为主，填埋必然要占用大量的土地，现有的填埋场大多已经饱和，在土地资源日趋紧张的今天，要建设新的填埋场难度巨大；而焚烧厂的建立往往会遭到周边居民的强烈反对，焚烧产生的烟气也会污染我们的大气环境。在这种背景下，实行垃圾分类是解决我国垃圾问题的必然选择。垃圾分类有助于让一部分垃圾得到循环利用，有利于节约资源、保护环境，而且，垃圾分类有助于让每个人意识到自己作为垃圾产生者应当承担的责任，从而减少垃圾的产生和提高环保意识。

孩子在对垃圾分类的意义缺乏认识的时候，很容易出现案例中小月的这种情况，会认为垃圾分类给自己的生活带来了不便，把垃圾一起烧掉才是省时省力的解决办法。这时候，家长要避免以权威强行要求孩子进行分类，以免激发孩子的逆反心理，或者造成孩子在家长面前遵守分类规定，但是在无人监督时仍旧图方便、随便扔的情况。事实上，部分家长可能也存在这种心理，只不过碍于小区和单位的规定，才勉强遵守。这就很难向孩子传达正确的观念，不利于分类习惯的养成。

家教指导

垃圾分类从某种意义上说是对我们原有生活方式的改

变，在实行之初不可避免地会让人感到麻烦和不便。家长在这个过程中要好好地向孩子解释垃圾分类的意义和作用，让孩子意识到自己在做一件很重要也很有价值的事情。其次，家长要在日常生活中向孩子教授正确的分类方法，在家庭中形成分类的氛围，最终培养孩子垃圾分类的习惯。

1. 教授正确的分类方法

我们日常生活产生的大部分垃圾的类别是比较容易掌握的。可回收物包括塑料瓶、易拉罐、纸箱纸盒纸袋、废旧报纸杂志、玻璃容器、废旧金属、废旧衣物等，可以直接售卖或者投放到社区的回收站中。有害垃圾主要包括水银温度计、过期药品、日光灯管、电池、杀虫剂等，日常生活中有害垃圾的产生量不大，平时注意收集投放到专门的容器中即可。家庭中日常只需配备两个垃圾桶：一个收集厨余垃圾，主要包括菜帮菜叶、剩菜剩饭、瓜果皮核、茶叶咖啡残渣等；另外一个收集其他垃圾，主要包括散碎包装、污损纸巾、清扫的尘垢、卫生用品等。投放垃圾时只需稍加甄别分类即可，并不需要额外花费时间。家长可以根据家庭具体情况设立值班制度和分类奖励制度等，提高孩子对垃圾分类的兴趣和参与度。

2. 传达垃圾分类的意义和作用

家长在教导孩子进行垃圾分类时，要向孩子传达垃圾分类的意义和作用。我们作为垃圾的产生者，将其妥善分类投放以供后续分类、回收、利用是我们应尽的责任。家长可以利用孩子好奇心强、希望做一些重要事情的心理，在教导孩子垃圾分类的时候传授一些垃圾处理的科普知识，强调每个人的参与对环境的改善至关重要，以培养孩子的环保意识。

3. 过低碳环保的绿色生活

实践垃圾分类能够让孩子明白：日常生活中产生的垃圾要经过怎样复杂的流程才能得到妥善的处理，处理过程会产生怎样的环境影响，这些环境影响又会怎样影响我们的生活，从而激发孩子有意识地减少垃圾的产生。家长可以在生活的其他方面加以引导，尽可能选择环境友好的出行方式、消费方式等，让全家一起过低碳环保的绿色生活。

七、参与家务劳动

案 例

君君和琴琴是一对好朋友，放学后经常在一起玩。周末的一天，君君去琴琴家想找她玩，可琴琴正在整理自己的房间，说要收拾完才能出去玩。君君很纳闷：收拾房间不应该是大人的事情吗？当君君看到琴琴很熟练地整理衣物和床铺时，她很惊讶，也很佩服琴琴，同时还有点不好意思，因为自己什么都没做过。

君君忍不住地问："你每周都会自己收拾房间吗？"琴琴说："是啊！这是我和爸爸妈妈做的约定。妈妈说我不能只顾着学习，我作为家里的一员，也应该承担一些力所能及的事情。我觉得妈妈说得对！"君君越听越觉得惭愧，不再说话了。到了晚上，君君回到家，看到妈妈正在给她收拾房间，便对妈妈说："我已经是大孩子了，以后我的房间我自己收拾吧。"可是妈妈却说："你把学习搞好，比什么都强！这些事用不着你！"君君欲言又止，便洗手准备吃饭去了。

解析

从儿童权利视角来看，做家务是儿童的权利，它是儿童参与权中对于家庭事务参与的一个重要体现。孩子通过做家务，可以养成良好的生活习惯，延伸来看，会做家务的孩子，长大了参加工作也会更具条理性。而且，做家务可以强化孩子的责任感，这有助于孩子以后在集体生活或工作中懂得责任与担当。做家务还可以丰富孩子的生活知识与体验，锻炼其动手能力。这一点在现今的教育中显得尤为重要。如此看来，家长不让孩子做家务，正是剥夺了孩子主动发展以及参与的权利。有的家长或许是出于爱护的心理，抑或是怕孩子做不好反而耽误时间，因此习惯性地替代、帮办，这种行为实在不可取。

本案例中，琴琴的家长主张孩子不能只学习，还应参与家庭事务，例如承担家务，这就很好地践行了儿童参与理念；而君君的家长主张孩子以学习为主，不要浪费时间做家务。“君君家长”太多正是导致现在社会上出现了“成年巨婴”的原因。另外，诚如案例中君君的反应，她很羡慕和佩服琴琴可以自己把房间收拾好，这个年龄的孩子会对自己能够完成一些事情（尤其是大人们的事情）而感到自豪。案例最后，君君欲言又止的样子说明其实君君想尝试做家务，但可能因妈妈是独断型的家长，在被拒绝之后，君君就不敢再多说了。长此以往，孩子很容易变得性格懦弱、胆小怕事，或是对任何事情漠不关心。

家教指导

1. 让孩子意识到家庭责任

父母首先应该让孩子知道，家务不是一个人的事，而是整个家庭的事；每个家庭成员都应该付出，彼此分担。同时，家长要让孩子感受到家庭成员之间的平等，认识到做家务是成员间共同承担的事情，而不是大人分配给孩子的任务。另外，注意尊重孩子，不要强迫，可以从一些简单的家务活动开始。

2. 给孩子创造家务劳动的机会

做家务本质上是劳动技能教育，这是一个需要长期培养与练习的过程，家长应根据孩子的年龄特点，为孩子创造合适的劳动机会。例如，家庭中可以设置一些劳动“岗位”，让家庭成员认领。在这样的氛围中，孩子的责任感会更容易被激发出来。家长也可以适时地“示弱”，例如，“妈妈一个人忙不过来，你可以帮一下妈妈吗？”孩子通常不会拒绝，相反会更有自豪感和责任感。另外，家长也可以适时地给孩子一些新的任务或者提出新的要求，孩子往往会因为新鲜感而干劲十足。

3. 教会孩子如何做

首先，家长要以一种轻松愉快的方式面对孩子做家务这件事，要多鼓励和夸奖孩子，千万不要过分地追求结果，或是嫌弃孩子做得不好。其次，家长要示范每项家务的要领，这是很重要的一步。例如，要告诉孩子，擦桌子时要挽起袖子，以免弄湿衣服；洗抹布时不要把水洒得满地都是，以免滑倒；等等。这样边示范边讲解，让孩子看得清、听得懂，他才会学着做，并逐步掌握这些技能。最后，家长可以陪着孩子一起做，这样不仅可以随时指导和鼓励孩子，而且可以促进亲子关系更加融洽，让孩子更喜欢做家务，同时也可以防止一些安全问题的产生。当孩子逐渐掌握相关技能之后，家长就可以放手让孩子去独立完成。

专题二
学习指导

小学是孩子第一次接触系统的学校教育，是孩子从以玩为主的幼儿教育到以学习为主的学校教育的过渡阶段。与学龄前的孩子相比，小学生的认知能力、学习动机、学习方法等各方面都有了较大的变化。例如，小学生的注意从无意注意向有意注意发展和过渡，有意注意的时间较学龄前更长，低年级小学生的注意可持续20分钟左右；思维能力进入具体运算阶段，能够基于客观事物和经验进行推理；在成人的引导下，能够掌握一些简单的学习方法等。

但是，作为一个“发展中”的个体，孩子各方面发展还具有局限性。在小学低段，相较于过分关注孩子的学习成绩，家长更应该重视培养孩子良好的学习习惯（如上课认真听讲、喜欢阅读等），并根据孩子自身的成长规律和发展特点，有的放矢地进行学习指导。家长应有合理期待，用全面和发展的眼光看待、评价孩子，增强孩子的学习信心。

本专题围绕小学低段孩子学习的特点和家长在指导孩子学习方面容易陷入的误区，选取了培养学习习惯、遵守课堂纪律、创设学习环境、学会专心听讲、科学辅导功课、选择兴趣班、激发阅读兴趣等主题进行分析。并在家庭教育指导方面，引导家长尊重孩子学习的规律和节奏，注重孩子学习兴趣的培养，保护和激发孩子的好奇心；强调家长要为孩子创设良好的家庭学习环境，采用科学的方法激发孩子的学习兴趣，培养良好的学习习惯，等等。

一、培养学习习惯

案例

方方妈妈回家后，看到方方正在看电视，便立即关上了电视机，跟方方说：“快点儿去写作业！”过了一会儿，方方妈妈又看到方方整个人趴在桌子上，歪着头写字，便又压住心中的怒火走过去提醒方方："写作业的时候不要靠桌面那么近，你的脸都要贴在本子上了。"方方起身露出作业后，方方妈妈终于忍不住冲方方发了脾气："你的字怎么写得这么潦草？这个字你都写到田字格外面去了！给我擦掉重新写！好好写！"面对写个作业状况百出的方方，方方妈妈既生气又不知所措。

解 析

学习习惯是后天逐渐养成的与学习行为相关联的习惯，这些习惯一旦养成，就会变成一个"自动化"的过程，即使家长不在一旁监督和提醒，孩子也能够自觉地做到。因此，良好的学习习惯可以帮助孩子提高学习效果和学习质量，保证孩子的学习活动得以顺利进行。小学低段是培养孩子养成良好学习习惯的重要时期，需要家长尤其重视。

在这个案例里，方方回家先看电视不写作业、写作业时坐姿不正确、字迹潦草，诸如此类的行为在许多孩子身上都会出现，究其原因，其实是孩子没有养成良好的学习习惯。在小学低年级阶段，孩子的学习负担相对较轻，需要培养的学习习惯更多的是基本的学习习惯，即孩子为了适应学习生活而必须具备的基本习惯，偏重于行为的规范。

家教指导

学习习惯的培养是一个长期的过程，不能一蹴而就。想要帮助孩子养成良好的学习习惯，家长需要先了解习惯养成的三个关键步骤，即提出要求、建立契约、及时反馈。

1. 提出要求

提出的要求越正面、具体和合理，孩子越能够明确要求，做得更好，也越有助于孩子养成良好的学习习惯。所谓正面，就是在告诉孩子要求时，采用正面的表述，尽量不出现“不”“别”等否定的表述。例如，“写作业时腰要挺直”比“写作业的时候不要靠桌面那么近”要好。所谓具体，就是提要求时要描述出明确的、清晰的、具体的内容，尽量避免概括的、含糊的要求。例如，“书写工整，字要写进田字格里，写错了擦干净再写”比“好好写作业”更具体。所谓合理，就是所提要求要考虑孩子实际的发展特点和发展水平。例如，低年级的孩子注意维持时间一般只有15—20分钟，要求孩子“持续写一个小时的作业才可以休息”就违反了孩子身心发展的规律，是不太合理的要求。

2. 建立契约

孩子在习惯养成过程中最大的障碍就是无法坚持，缺乏恒心，因此在父母的提醒和监督之外，签订契约是一种行之有效的方式。契约是父母和孩子共同讨论要达到的目标和具体的要求之后，签订的一个书面协议。其内容主要包括六大部分，分别是契约的有效期、孩子的行为习惯要求（如“放学回家后休息20分钟就开始自觉写作业”“有正确的坐姿和握笔姿势”）、孩子完成要求后可获得的奖励（如“每天完成任务后，会给我积分奖励”“积分达到一定数额后，可以兑换商量好的奖品”）、孩子未完成要求后应受的惩罚（如“如果不能完成任务，就按规则扣除积分”）、家长的行为习惯要求（如“孩子培养习惯期间，保持耐心，不发脾气”）、家长未完成要求后应受的惩罚（如“如果不能完成任务，将陪孩子做一个手工”）等。契约制订好之后，把契约打印出来签上双方的名字，贴在家中显眼的位置。完成这一仪式后，孩子会意识到培养习惯是一件正式的、严肃的事情，自己和父母都有各自需要做的事情，就会产生内部的约束力，进而更好地坚持。此外，父母的好行为和良好的家庭环境对孩子行为习惯的发展有积极的作用，反之，父母的不良行为则产生消极的作用，因此在签订和执行契约的过程中，父母需要以身作则，严格地遵守契约，给孩子做一个榜样。

3. 及时反馈

反馈指父母通过语言、表情、动作、奖惩等方式，及时让孩子了解自己的行为表现情况，知道自己哪里做得好，哪里还需要调整，有助于让孩子更好地掌握要求，强化正确行为进而形成习惯。例如，当孩子按照契约完成当天的任务后，家长应及时表扬孩子，告诉孩子哪里做得很好，按照契约获得哪些奖励；如果孩子没有完成任务，家长就要及时地指出孩子做得不好的地方，但家长要注意方式方法，例如，在给予反馈时，尽量描述孩子的具体行为，给孩子提出改进建议，不给孩子“贴标签”等，这样反馈的效果会更好。

二、遵守课堂纪律

案例

一位妈妈打来电话咨询孩子的问题，她的孩子亮亮上小学一年级，最近老师反映亮亮上课时注意力不集中，喜欢和同学说话，不听讲。一开始，妈妈也配合老师教育孩子，问亮亮为什么上课时讲话，孩子自己也说不清楚，说就是喜欢与周围的同学说话。妈妈又问孩子上课时和同学说话聊什么内容，孩子大多也不记得了。于是妈妈告诫他："上课不许和其他同学说话，上课要专心听讲。"

可是这种方式的效果不明显，老师也做出尝试，将亮亮的座位进行调换。但亮亮上课讲话的现象并没有改善。再次听到老师的反馈，妈妈心里有一些不愉快的感觉，也不知道该怎么做。她了解到一年级的孩子注意力集中时间较短，而且容易受到环境的干扰。她渐渐地认识到时，孩子上课时讲话虽然不对，但不能总是归咎于孩子；她担心在上课时讲话这个问题上，老师和家长都批评孩子会给孩子压力，还起不到效果。

解 析

进入小学一年级，听到老师反映自己的孩子在课堂上不遵守纪律、不认真听课，是令很多家长头疼的问题；一些家长或批评，或恐吓，或说理，或打骂，想尽办法希望能"遥控"孩子，让孩子在课堂上乖乖的，却往往收效甚微。孩子不适应学校规范性的学习生活的实质是孩子尚未形成规范意识、纪律意识。从幼儿园进入小学，孩子要从游戏生活进入规范性的学习生活，要遵守课堂学习的规范和要求。

在这个案例中，亮亮妈妈有值得肯定的地方：她遇到问题，首先尝试理解自己的孩子，这其实是非常重要的教育心态。然而，亮亮妈妈的困境主要源于两个方面：一是她没能把握孩子问题的根源，一直被动地解决问题，最后陷入教育认知的矛盾之中。亮亮喜欢说、想说就和同学说话是一种“玩”的心态，他其实是在课堂上玩，缺乏学习的任务意识，妈妈需要培养孩子“学”的意识。二是她缺乏适合低年级孩子具体的、有效的教育策略与方法。例如，妈妈和孩子讲“上课要专心听讲”，但一年级孩子的注意以无意注意为主，他还不能真正地理解“专心”是什么意思，也不知道怎么做就是专心，因此，这对亮亮而言其实是一句空话。

家教指导

这个案例说明，孩子进入小学，家长要关注的一个问题：如何帮助孩子适应学校规范性的生活。家长可以从以下两个方面帮助孩子。

1. 端正自身心态

适应学校规范性的生活是孩子成长过程中必然要面对

的问题，它需要家长的帮助和支持。因此，当孩子出现适应问题的时候，家长要理解孩子，并和孩子站在一边，共同面对。例如，老师告诉家长，孩子上课时调皮捣蛋，如果家长只知呵斥孩子、责骂孩子、向孩子提要求，就站在了孩子的对立面，使孩子孤独地面对规范化适应的问题，他会很无助；积极的做法是帮助孩子认识问题（如“这是不对的”“这样不好”），和孩子一起讨论问题，调动孩子自己解决问题的积极性（如“你打算怎么做呢？”“如果特别想说话，怎么办？”），同时给孩子一些切实可行的建议。例如，一位妈妈听到数学老师说孩子近期上课走神的情况，等孩子回家后，她对孩子提出一个要求“上课时要瞪大眼睛看着老师”，一学期下来，孩子的数学成绩取得明显的进步。

2. 培养规则意识

家长需要更为主动地帮助孩子去适应规则，而不是等问题出现时才去解决。第一，家长对学校规章制度要有积极的态度。家长如何认识和对待学校日常生活中的迟到、请假及家庭作业的要求等，会影响孩子的规则意识。如果家长缺乏积极的态度，就会影响孩子适应规则。第二，规则意识的培养不能停留于告知、说教，是需要训练的。例如，听清指令的训练，一位妈妈为了让孩子适应课堂、跟紧老师的节奏，在一年级开学第一天向孩子布置了一个小任务，让孩子记住老师上课说了什么，回家告诉自己。第一天，孩子告诉妈妈“老师上课说‘同学们好’”，把妈妈逗乐了，接连一个多星期后，妈妈就不再问了，因为孩子逐渐形成“听老师指令”的意识。此外，家长也可以利用周末休息时间，通过和孩子一起看公开课、纪录片等方式，观察孩子在听课过程中出现的问题，然后明确地告诉孩子听课时自己的任务是什么、需要遵守的规则有哪些，并配合使用奖惩的办法，帮助孩子培养认真听课的规则意识。

三、创设学习环境

案 例

圆圆在家写作业的时候总是不专心，有时才写了一会儿作业，就说想要玩手机或者玩平板电脑休息一下；有时写着写着，转头又去玩自己的笔筒或书桌上摆放的小玩具。圆圆爸爸跟班主任反映了这个情况，班主任却说：“圆圆在学校还是很认真的，做课堂作业时也很专心。”圆圆爸爸便感到非常奇怪，为什么圆圆在学校和在家里是两个样子呢?

解 析

家庭是孩子学习和生活的重要环境之一。家里的物品摆放、环境布置等都会影响孩子的学习表现。例如，在小学低年级阶段，孩子的注意以无意注意为主，做作业时保持专注、抗干扰的能力较弱，如果孩子学习的房间里物品比较花哨，就很有可能会吸引他的注意力，影响学习的专注。而且，家庭心理环境对孩子的学习也有着潜移默化的影响。亲子关系是家庭中重要的人际关系之一，建立和谐的亲子关系是营造良好家庭心理环境的基础，也是家庭教育取得成功的重要保障。

此外，父母自身的行为和态度也会对孩子产生一定的影响。心理学家班杜拉提出的“观察学习”指出，儿童通过观察他们生活中的重要人物的行为，就可以学习某种社会行为。中国有句俗话说：“榜样的力量是无穷的。”在孩子成长的过程中，他们与父母相处的时间最长，每天也都在观察父母的一举一动，自然而然地就会模仿父母的言行举止，形成了自己的行为习惯。

在案例中，圆圆在学校的表现很好，在家却总想玩手机或玩平板电脑，写作业时注意常常被笔筒或玩具吸引，其实圆圆身上的这些问题都可以归咎于家庭学习环境的布置、父母自身的行为与态度等因素上。例如，如果孩子在写作业，家长却在玩手机，这样家长就可能起到不好的示范作用，也容易分散孩子的注意力，使孩子总想着玩手机而无法专注地写作业。

家教指导

家庭环境直接影响孩子的学习态度，家长应以身作则，为孩子营造宜学的家庭物理环境，并努力建立和谐的亲子关系，给孩子提供一个良好的家庭心理环境。具体来说，家长可以从以下三个方面着手。

1. 和孩子一起学习，营造积极的家庭学习氛围

家长是孩子的榜样，家长对待学习的态度，某种程度上就是孩子未来对待学习的态度。因此，家长在监督、鼓励孩子学习的同时，也要在孩子面前树立爱学习、愿意学习的榜样，营造积极的家庭学习氛围。例如，当孩子写作业时，家长可以在一旁读书看报；日常多和孩子讨论与学习相关的事情，多与孩子讨论新的话题、分享学习的新知识；休息娱乐时，可以多和孩子一起看纪录片、看知识竞赛类的节目等。

2. 为孩子布置适合学习的家庭物理环境

为孩子布置一个适合学习的家庭物理环境，要为孩子打造一个固定的、简单的学习空间。所谓“固定”，就是给孩子安排一个专门用来学习的地方。例如，在孩子的房间里设置一个固定的书桌，只供孩子学习使用，其他家人都不可轻易占用这个地方，这样能给孩子一定的环境感，让他知道坐在这个地方就是来学习的。所谓“简单”，就是指要保持学习空间的干净整洁，桌椅、文具不宜过于精致、花哨，学习的房间里也不宜放电视、电脑、玩具甚至食品等会干扰孩子专注学习的物品。另外，为孩子布置适合学习的家庭物理环境，可巧用家装布置，增加学习线索。例如，在家里设置固定的“图书角”，家长可以在空闲时间和孩子一起在“图书角”看书，也可以和孩子一起制作学习卡片，将近期需要背诵和学习的内容贴在家中，这样就可以在不经意间让孩子学到更多的东西。

3. 组织丰富多样的家庭活动，建立和谐的亲子关系

丰富多样的家庭活动，不仅有助于建立亲密的、和谐的亲子关系，提高家庭成员的家庭满意度，而且能够丰富孩子的课外生活体验，让孩子学到更多的知识和锻炼多种能力。研究发现，父母陪孩子吃晚饭的频率越高，孩子的

学习成绩就越好。我国一项基于大样本的数据分析也发现，和父母散步、运动频率越高的孩子，亲子关系越好，学习问题越少，学习表现越好。因此，家长要重视吃饭、散步、看电视等看似平常的家庭活动，同时要结合孩子的兴趣爱好，合理安排孩子的周六日和假期时间，多开展丰富的家庭活动，让孩子的思维和身体在家庭活动中被“激活”。例如，分享最近阅读的新书、讨论近期发生的大事、露营野餐、看电影等。

四、学会专心听讲

案 例

语文课上，妞妞正在跟大家分享课外书读书心得，同学们都听得很认真，唯独欢欢一直没完没了地晃身子，后来还被老师抓到她给后面的同学传纸条。等到妞妞分享完了，老师问欢欢能不能总结一下妞妞讲的内容，自己又有什么体会，欢欢支支吾吾地什么都说不出来。

解 析

在日常生活中，想要从根本上帮助孩子解决听课不专心的问题，先要了解孩子上课注意不集中的原因是什么，这样才能够“对症下药”。其实，导致孩子上课注意不集中的原因有很多，主要有以下几点。

一是认知发展水平受限。由于注意对应的脑区——大脑额叶还未发育成熟，小学阶段孩子注意的持续时间比较短。一般来说，6—9岁孩子可以连续集中注意20分钟左右，10—12岁孩子可以连续集中注意25分钟左右，12岁以上的孩子连续集中注意的时间在30分钟左右。因此，由于生理的限制，小学低段孩子难免会在课堂上出现注意不集中的现象。

二是外界环境的干扰。小学低段孩子的注意以无意注意为主，他们的抗干扰能力较弱，很容易被外界更加有趣、显眼的事物吸引。

三是对上课不感兴趣。孩子注意的持续时间还会受兴趣大小的影响。孩子对自己感兴趣的事情，常常集中注意的时间会比较长，但对不感兴趣的事情，他的注意可能很快就分散了。

四是听课能力欠缺。小学普遍以“老师讲，学生听”的模式为主，如果孩子听课能力欠缺，跟不上老师的讲课节奏，那么他的注意就很难集中。

五是上课的规则意识不足。对于低年级的孩子，尤其是对于刚刚入学的孩子来说，他们可能还不理解上课要遵守的规则，不清楚老师讲课时自己要做什么，于是就会做一些小动作，而不是专心听课。

在日常生活中，几乎每个班级里都有一个或几个像案例中的欢欢那样活泼好动的孩子，老师反复叮嘱让他坐好认真听课，但他就是控制不住自己。还有一类孩子，上课时看似在认真听讲，但是老师提问的时候，他们甚至连问题是什么都不知道。这些孩子虽然表现不同，但实际上都存在上课注意不集中的问题。

家教指导

孩子上课注意不集中的原因有很多，家长需要结合孩子的实际情况，有针对性地进行引导。

1. 通过专业的注意训练法，帮助孩子提升注意力

孩子的基本认知能力，包括注意力在内，都是可以通过专业的训练来提升的。专业的注意力训练法有许多种，包括舒尔特方格法、划消任务法、信息集中训练法、找不同或找相同训练法等。家长可以根据孩子的兴趣爱好，选择一种或多种方法长期坚持使用，提升孩子的注意力。

2. 通过课前预习，提高孩子的上课兴趣

如果孩子对课堂上老师讲的内容不感兴趣才听讲不专心，家长可以在孩子写完作业之后，和孩子一起预习第二天要学习的内容，寻找一些不明白、不理解的知识，并在书本相应的地方标注出来，或者记在笔记本上。孩子第二天带着问题听课，努力在听课的过程中解决这一问题，可以提升听课的兴趣。一方面，孩子为了解决问题，就会集中注意跟着老师的节奏；另一方面，孩子通过听课、跟着老师学习的方式解决了难题，会产生一种成就感和愉悦感，从而产生听课的兴趣，并形成一个良性循环。

3. 通过游戏的方式，帮助孩子提高听课能力

一般来说，听课的过程主要包括三个阶段：接收信息（即通过耳朵、眼睛等感官来接收老师传达的信息）、保持信息（即保持老师传达的信息并在头脑中复述所听到的信息）和编码信息（即对保持的信息再进行加工和理解）。任何一个阶段出现问题，孩子都有可能跟不上老师的节奏，导致听课走神。“快速反应训练”的小游戏可以训练孩子接收、保持和编码信息的能力，进而帮助孩子提升听课能力。具体来说，“快速反应训练”是一种让孩子从接收的全部信息中，对目标信息做出特殊反应的一种活

动，主要包括三个步骤：第一步是跟孩子约定好目标信息是什么，以及当目标信息出现时孩子要给出什么样的反应。例如，和孩子约定好目标信息是小白兔，目标信息出现时，孩子要拍一下手。第二步，家长向孩子展示大量信息，可以单纯给孩子提供声音信息，也可以声音配合图片。例如，依次向孩子呈现印有各种水果、动物、文具等物品的图片，并念出每张图片上的物品名称。第三步，孩子的反应阶段，如果遇到了事先规定好的目标信息，孩子就要快速做出反应，即孩子此时要对含有小白兔的图片拍一下手。

4. 培养孩子上课的规则意识

对上课规则意识不足的孩子，家长要跟孩子明确上课的规则和任务，并在家里进行模拟训练，帮助孩子培养上课的规则意识和任务意识，养成专心听讲的良好习惯。例如，周末时，家长可以和孩子一起看公开课、纪录片等视频，并在一旁观察孩子听课过程中的表现和出现的问题，家长在视频结束后再明确地告诉孩子刚才哪些行为不符合课堂规定，以及在课堂上自己的任务是什么。此外，可以配合相应的奖励、惩罚帮助孩子养成良好的听课习惯。

五、科学辅导功课

案　例

刚刚上小学的方方正在写家庭作业，方方妈妈搬了一把椅子坐在一旁目不转睛地看着方方写作业，如果方方写错了，就马上要求他擦掉重写，如果方方字写得潦草了或者写出格了，也马上要求他擦掉重写。次数多了之后，方方开始不耐烦了，把笔扔到一边说不想写了。方方妈妈一看，时间已经过去半个小时，方方才写了一行拼音。方方妈妈非常着急，冲着方方发脾气："都半个小时了，你才写了一行拼音，怎么能说不写就不写呢？给我快点儿写！写不完作业不许吃晚饭！"

解　析

对于小学低段孩子来说，尤其是那些还未养成良好的学习习惯、无法独立自主规划学习时间和独立完成作业的孩子，家长陪他们写作业、辅导功课是非常必要的。例如，家长可以及时纠正孩子写字读书时的姿势，引导孩子养成预习和复习的习惯，帮助孩子解答不会做的题目，合理规划完成作业的时间，等等。

辅导孩子的功课，也要讲究一定的方式方法。在本案例中，方方妈妈对孩子有一点儿错误就立即指出来，使孩了感到不耐烦，而且，孩子的不耐烦又容易激怒家长并引发冲突，导致孩子更不愿意做作业了，形成恶性循环。

家教指导

家长首先要明确一点，在低年级阶段，陪孩子写作业和辅导孩子功课的主要目的是帮助孩子逐渐去独立地完成作业，重点任务是要帮助孩子养成良好的学习习惯。想要达到这一目的，家长可以通过以下方式来陪孩子写作业。

1. 陪孩子写作业时，要保持一定的空间距离

家长可以陪孩子写作业，但是要和孩子保持一定的空间距离，切不可坐在孩子身边密切地关注孩子的行为，目不转睛地盯着孩子写作业。正确的做法是给孩子营造一个安静的学习环境，尽量不去打扰孩子。例如，当孩子写作业时，家长可以在不远处读书、看报，或者处理自己的工作，在一定距离外监督孩子的行为。如果看到孩子有不良的行为，例如，写作业走神儿、坐姿不正确等，家长可以稍作提醒，及时帮孩子纠正。如果孩

子遇到不会做的题目来请求帮助，家长可以让孩子先做自己会做的题目，等做完所有的作业之后，再一起讨论。需要注意的是，家长切不可在孩子旁边玩手机或玩其他电子产品，也尽量不要随意走动，这样会分散孩子的注意。

2. 检查作业时，要发挥孩子的主动性

案例中发生冲突的原因在于，方方妈妈一旦看到方方有写得不工整的地方，就要求方方擦掉重写，这样反复重写就会让方方觉得不耐烦，甚至反抗，并且他写作业的效率也会非常低。其实，家长可以先让孩子独立完成作业，然后再让他自己检查作业，发挥孩子的主动性。例如，家长可以告诉孩子，他们的注意不集中、字写得不认真的时候，就会有小坏蛋跑出来，让他们写的字变得不工整不好看，所以在写完作业之后，自己检查一下，看看有没有小坏蛋跑了出来。具体来说，等孩子写完作业，家长就可以让孩子在作业里找出5个字体最不工整的，让孩子擦掉重写，把小坏蛋消灭掉。同时，家长可以和孩子商量奖惩的办法，如果检查之后，发现一个小坏蛋都没跑出来，就奖励给孩子两颗小星星，积攒一定数量的小星星之后，可以兑换相应的奖品；如果有5个以内的小坏蛋跑出来了，是孩子自己找出来的，就可以奖励1颗小星星；如果超过5个小坏蛋跑出来了，就没有奖励。

3. 辅导难题时，要采用鼓励性的指导方法

家长给孩子讲难题的时候，很容易遇到孩子听不懂的现象，讲了很多遍孩子还不理解。在这种情况下，家长可以采用鼓励性的指导方法。

一方面，多鼓励和肯定孩子，与其常常批评和指责孩子，“上课是怎么学的？”，不如保持平静的心态，多鼓励孩子。例如，跟孩子说：“妈妈相信凭你的能力，一定能解决这道难题的。”

另一方面，通过提示、引导、启发等方法促进孩子自主地思考，而不是告诉孩子具体的步骤或直接告诉孩子答案。例如，解答应用题时问问孩子：“这道题给了我们哪些信息？”“想要解决这个问题，需要知道哪些条件？”等等。这样的方式可以引导孩子说出自己的想法和做题的过程，让孩子学会通过自己的思考自主解决问题。

六、选择兴趣班

案 例

“不要让孩子输在起跑线上”的育儿焦虑让家长们从孩子一出生就如临大敌，相当多的家长带着孩子从小奋战在一个没有硝烟的兴趣班战场上，妮妮妈妈就是其中一位。她总说：“不上几个兴趣班，走在路上都不好意思跟同学家长打招呼。”妮妮也总觉着自己的课外时间“不是在兴趣班，就是在去兴趣班的路上”。

但是，妮妮上兴趣班总是坚持不下来，最多学几个月就不愿意去了，问她为什么，她总会拿“太难了”“太累了”“没兴趣”等理由搪塞妈妈。从幼儿园到上小学，妮妮已经换了四五个兴趣班了，尝试了一大圈，什么都不精，可愁坏了妮妮妈妈。

解 析

在本案例中，妮妮的兴趣经常发生变化，虽然她报了很多的兴趣班，但坚持下来的却很少。这可能因为低年级孩子的认知水平有限，对于“感兴趣”的理解不够。孩子说的“感兴趣”可能只是一时的喜欢，在经过真正的体验学习之后，他们却发现自己不是真正地感兴趣。并且，很多时候，孩子所谓的兴趣其实是从擅长的事物衍生出来的。例如，当孩子擅长画画，画出来的画得到家长和老师的认可时，孩子就会很有成就感和满足感，从而促使孩子更喜欢画画。也就是说，能够给孩子带来积极感受的兴趣才更容易坚持下来，若孩子处于“我喜欢，但我做不好”的状态，就无法感受到这一兴趣给自己带来的快乐和成就感，那兴趣也就慢慢地减退了。

家教指导

家长如何给孩子选择兴趣班呢？可以从以下四个方面考虑，给孩子选择1—2个适合的课外兴趣班。

1. 遵循孩子的成长规律

兴趣班要符合孩子的身心发展特点，不要盲目地超前或拔高，否则当孩子的能力完成不了这一兴趣班的要求时，孩子的学习兴趣就会减弱。例如，软笔书法讲究握笔、运笔等，孩子手部精细动作需要发展到一定水平才能够完成这些动作，一般来说最佳年龄是六七岁，因为这个年龄的孩子可以比较自如地掌控毛笔的书写用笔，所以软笔书法班就不太适合年龄太小、精细动作还未发展成熟的孩子；素描班需要孩子有一定的立体感和空间想象力，而低年级孩子的思维仍以形象思维为主，对事物的认识主要依赖于直观具体的形象，因此简笔画比素描更适合低年级的孩子。同时，家长也要考虑自己孩子的独特性。例如，有的孩子肢体协调能力比同龄的孩子发育稍晚，可以晚点儿给孩子报类似跆拳道班、舞蹈班等对肢体协调能力有较高要求的兴趣班。

2. 兴趣班的选择要考虑孩子自身的兴趣

报兴趣班，一定要考虑孩子的兴趣。孩子可能说不清楚自己的兴趣，这时就需要家长帮助孩子去发现兴趣所在。一方面，家长可以根据孩子的兴趣给孩子一些尝试的机会，让孩子多参加不同的体验课，尝试一番再做取舍。另一方面，家长在日常生活中，要留意观察孩子的兴趣点。例如，孩子在做某件事情时，是开心愉悦的，拥有积极的情绪（如“一听到音乐就开心得手舞足蹈”）；相比其他事情，孩子做这件事情时不容易分心、不会轻易被打断（如“看艺术图册很专注，妈妈叫他也听不到”）；在做某件事情的时候，孩子不觉得累，即使累了也不想休息或只作短暂休息就想继续（如“玩轮滑玩得满头大汗，还想接着玩”）；在做某件事的过程中，即使遇到了困难或是失败了，孩子也会继续多次尝试，而不是马上放弃（如“练钢琴时，指法弹不熟就不断练习，一定要弹流畅”），等等。除了观察孩子的兴趣所在，家长还可以分析一下孩子擅长的事物，去发掘孩子的兴趣。孩子做自己擅长的事情，不仅可以又快又好地完成任务，而且可以从中获得成就感，萌生兴趣。

3. 尽量选择教学方式创新、评价方式多元的兴趣班

给孩子选择在哪里上兴趣班的时候，除考虑机构的设备和环境布置，以及口碑、老师的专业性和学习氛围外，还有两个因素是应当考虑的。其一，兴趣班的教学方式应追求创造、开放，以调动孩子的兴趣为主，鼓励孩子尝试和探索。例如，同样是美术班，有的美术班的老师较为刻板，让孩子们在下面仔细地对着老师画在黑板上的图画画，画得越像越好，而有的美术班的老师却会让孩子随意发挥，想画什么就画什么，后者就更有利于孩子想象力、创造力的发展。其二，尽量选择评价方式多元的兴趣班。这是因为兴趣班应以学会基本技能、培养兴趣为主，不是一定要让孩子取得什么成就，因此不建议只选取一个标尺来评价孩子。例如，美术班的孩子画得“美不美”“像不像”等，最好可以通过孩子色彩的使用、图画背后故事的讲述等多种方式来评价孩子的表现，培养孩子对这一事物

的喜爱。

4. 培养孩子坚持的品质

一些家长看到孩子坚持不下来，为节省时间和精力，就马上给孩子换一个兴趣班或换一种兴趣来培养，其实这样做容易让孩子产生遇到困难就退缩的行为。这种情况下，家长要引导孩子坚持下去，耐心陪伴孩子克服困难。告诉孩子困难并不可怕，只要努力一下就可以克服困难，而且克服困难后会令人更开心和更有成就感。当然，家长也不能强求孩子盲目地坚持，如果孩子真不喜欢或不适合，家长也要尊重孩子的意愿。总之，在上兴趣班的过程中，让孩子既能体验克服困难的成就感，也有敢于放弃自己不喜欢的事情的勇气。

七、激发阅读兴趣

案 例

欢欢妈妈经常查看儿童读物的销售排行榜，把适合欢欢这个年龄段阅读的畅销书几乎全买了。在家里，欢欢到处都可以看到书，但她却很少看书，即使在欢欢妈妈催促下，也只是象征性地翻一翻。书里面讲些什么，欢欢根本就不知道，家里甚至还有很多都没有拆封的书。

解 析

儿童时期是个体阅读能力发展、阅读习惯培养的重要阶段。阅读不仅是儿童获取知识的主要途径，而且是促进儿童精神成长、创造其个体生命经验和促进其终生发展的过程。研究发现，阅读能力与孩子未来的智商水平、算术应用题的解题能力、记忆方法的应用等都存在密切的关系。在小学阶段，孩子的阅读能力会有较大的发展，孩子的阅读能力稳步提升。一、二年级的小学生处于学习生字词的阶段，他们能够利用标注的拼音、图画来阅读绘本，能理解简单的故事，随着阅读能力的提升，他们也逐渐开始阅读以文字为主的书籍；到了小学二、三年级，孩子对句子、篇章理解的能力有了进一步的发展，他们能理解文章的内容，能熟练阅读简单的故事书，也会开始自主选择阅读材料，例如，喜欢阅读接近自己生活经验的故事。

案例中欢欢妈妈只给孩子买书是远远不够的，家长要想让孩子被阅读吸引，须找对方法。家长要结合孩子的发展特点和兴趣爱好，从小培养孩子的阅读兴趣和阅读习惯，让阅读陪伴孩子快乐地成长。

家教指导

1. 利用亲子阅读，激发孩子的阅读兴趣

亲子阅读是低年级孩子阅读的主要方式之一，通过和家长一起阅读，孩子能够逐渐培养阅读兴趣、提升阅读能力。家长可以选择一本适合孩子这个年龄段的书，读给孩子听，或者和孩子一起阅读。在读完故事题目后，家长可以先让孩子根据题目，想象会发生的事情，在孩子说出他的想法之后，再读正文，看看书里发生了什么，对比一下孩子想对了没有。同时，家长还可以运用反思、预期、质疑和假设等策略，多问孩子几个为什么，例如："为什么孙悟空被压在山下面？""如果你是他的话，你会怎么做呢？"这种假设有助于孩子多角度、全方位地解读材料，进一步培养孩子的阅读兴趣和在阅读中进行思考的能力。

2. 设计小游戏提高阅读的趣味性

在阅读的过程中，家长适当地加入一些小游戏，可以让孩子体会更多的阅读快乐，从而激发孩子的阅读兴趣。例如，"情景再现"的游戏，家长和孩子选择书中的小片段进行表演。这个方法不仅给孩子留了大片的想象空间，而且使孩子积累阅读的积极体验。具体来说，孩子和家长分别扮演故事中的角色，把故事里的文字变为角色的台词，分别有感情地说出角色的台词和表演出角色的情绪。表演完后，家长可以提一些有趣的问题，例如："如果你是这个主人公，你还有其他办法吗？你刚刚体会到什么样的情绪呢？"开放性的提问可以增强孩子的创造力，并且促进孩子独立思考。除此之外，还可以玩"我是小记者"（例如，家长和孩子轮流扮演故事中的人物和记者，扮演故事中人物的人需要接受采访，回答与故事中人物相关的问题）、"猜猜这是谁"（例如，一方扮演出题人，给出一些提示线索，让另一方猜出书中的角色）等游戏。

3. 让孩子学会查阅书本解决问题，了解阅读的益处

小学阶段是孩子的好奇心十分旺盛的阶段，他们对世界充满了好奇，常常提出一些千奇百怪的问题。在孩子开始提出问题时，家长最好不要直接回答孩子的问题，而是引导孩子通过查阅书本的方式自己解决问题。例如，当孩子问："飞机为什么可以飞起来呢？是因为它长得跟小鸟一样吗？"这时候家长可以顺着孩子的问题问下去："对呀！我也觉得飞机长得像小鸟，但是小鸟的翅膀可以挥动，飞机的不可以，那飞机是如何飞起来的呢？"家长顺着孩子的疑问引出问题后，再告诉孩子答案。家长还可以根据孩子的提问，引导孩子从书本中寻找答案。例如，对

孩子说："我之前看到过一本书，里面有这个问题的答案，不如我们去翻翻那本书吧！"然后陪伴孩子一起查阅相关资料，以孩子为主导，让他找到问题的答案。

当教会孩子查阅资料的方法后，家长可以放手，让孩子自己去找答案。例如，当孩子有问题时，家长可以告诉孩子："你这个问题问得特别好，我也有这样的疑问，不如你去问问书本，然后你再来教我好吗？"当孩子查阅资料并分享结果之后，家长可以说："你真厉害，自己找到了答案！看来书本可以回答绝大多数的问题呢！"久而久之，孩子的心中就有了"一有问题就去看书"的意识。家长鼓励孩子独立思考，并通过这样的方式训练孩子自主阅读的能力。

4. 营造家庭阅读氛围

第一，和孩子共同布置图书角。例如，家里安置一个适合的书架，在靠近地面的几排摆放孩子的图书，在比较高的几排摆放家长的书，书按照内容或类型摆放，方便取阅。同时，在孩子的床头、书桌上摆放一些书、画册等，孩子可以随手拿到书，充分利用零散的时间进行阅读。

第二，制订一个固定的家庭读书时间表。在固定的时间段里，所有家庭成员聚集在一起，可以共同阅读一本书，也可以各自阅读喜欢的书，家长与孩子在阅读之后相互交流学到的新知识。

第三，经常带孩了逛书店，让书融入孩子的生活，让孩子亲近书。书店是书的海洋，在书店里，孩子会忍不住去翻阅图书，寻找自己感兴趣阅读的书。家长和孩子也可以在各种节日或纪念日时，选择适合的书作为礼物送给家人、朋友，表达自己的心意。通过这种方式，让孩子知道书是最好的礼物，让孩子感受到书是有意义的、珍贵的。

专题三
身心健康

世界卫生组织发布的“健康”概念指出，一个人只有躯体健康、心理健康、社会适应良好和道德健康，才算是完全健康的人。儿童心理健康指儿童整个心理活动和心理特征的相互协调、适度发展、相对稳定，并与客观环境相适应的状态，主要表现在六个方面：一是智能发育正常；二是有积极乐观的情绪，热爱学习，对生活充满信心；三是有良好的人际关系，乐于与人交往，乐于帮助别人；四是能够正确认识自己，不仅知道自己的优点和缺点，而且了解自己的兴趣、特长，有符合实际的发展目标；五是有健全的性格，开朗、待人坦诚、勇于负责、正视困难；六是能够正确对待现实，适应环境迅速，接受新事物、新概念快，思想和行动能与时代同步。

小学低段的儿童正处于心理健康发展的重要阶段，全方位地保护儿童的身心健康是所有家长不可推卸的责任。家长的个性品质、受教育程度、言谈举止、价值取向、教养方式及家庭成员之间的关系、家庭的结构和家庭经济状况等因素都会影响儿童身心健康的发展。

本专题围绕小学低段儿童身心健康展开，选取了保护牙齿健康、预防眼睛近视、培养规律作息、坚持锻炼身体、培养孩子自信、应对同伴欺负、家庭健康防护等主题进行分析。并在家庭教育指导方面，引导家长为孩子选择好牙具，定期检查口腔；限制电子产品的使用时间，采取正确的读书姿势，促进孩子尽早养成卫生用眼的习惯；坚持早睡，保障睡眠时间，不要轻易地改变节假日作息；培养孩子锻炼身体的兴趣，鼓励孩子参加多种体育活动；尊重孩子，不提过高期望，让孩子获得成功的体验。

一、保护牙齿健康

案 例

妈妈带7岁的晨晨来到医院口腔科，苦恼地和医生说："晨晨爱吃甜食，特别爱吃蛋糕、糖果、巧克力，但是每天都不愿意刷牙，别说一天刷两次了，一天一次都很难做到。有时候抓着她刷个牙，家里都得闹翻天。你看，她两边的牙齿都黑了，牙疼起来脸都肿了。"医生检查了晨晨的口腔后，给出的回应是：这是典型的龋齿，像她这样的小朋友还有很多。他们多是因为爱吃甜食，又不愿意刷牙。甚至牙齿都变黑了，有些家长还不在意，总觉得孩子以后要换牙，现在乳牙怎么样都没有关系。小朋友嘴里总共20颗牙齿，有的小朋友除刚换上的两颗门牙外，其余的18颗乳牙统统是龋齿。

解 析

据全国口腔流行病学调查的结果显示，我国5岁儿童乳牙龋病的患病率达66.0%，12岁儿童恒牙龋病的患病率为28.9%。目前儿童的口腔健康还没有引起家长足够的重视，一般到深龋时，才会带孩子就医。事实上，儿童的“蛀牙防治”，关键在“防”而非“治”，等到牙蛀坏了再治疗，既花费精力，又花费金钱。

人的一生有两副牙齿——乳牙和恒牙，包括晨晨妈妈在内的很多家长觉得婴幼儿时期的乳牙对于我们来说不重要，但实际上，乳牙作为孩子的咀嚼器官，可以促进颌骨和牙弓的发育，保证未来恒牙可以正常排列。

小学低段孩子的牙齿正处于混合牙阶段。这一阶段是儿童颌骨和牙弓的主要生长发育期，也是恒牙建立咬合关系的关键时期，家长要时刻注意预防错颌畸形，一旦出现畸形，家长应迅速带孩子去进行早期矫正，诱导牙齿建立正常的咬合。

换牙结束后，恒牙就将伴随人的一生，如果不对牙齿进行适当的保健，孩子可能会出现各种牙齿疾病，终生受影响。因此，家长一定要对儿童牙齿保健高度关注，注意牙齿的清洁与保护问题。

家教指导

每个家长都希望孩子有一口洁白整齐的牙齿。对小学低龄段的儿童来说，口腔保健的主要问题之一是预防龋齿。龋齿主要由细菌引起，通常是乳酸杆菌和链菌残留在牙缝和牙床表面生存繁殖，腐蚀牙釉质和牙本质，等到蛀成洞的时候，就形成了龋齿。家长帮助孩子保护牙齿，可从以下四个方面入手。

1. 教孩子正确刷牙

保持口腔清洁是防龋的重要环节，其最重要的措施就是刷牙。刷牙要让孩子掌握正确的方法，家长可以先让孩子观察大人的刷牙动作，然后再手把手地教孩子。人们常用的横刷法是错误的，推荐使用巴式刷牙法。长时间使用横刷法会严重损害牙体表面的保护层（牙釉），造成牙齿敏感，进而导致牙髓炎、牙疼、牙变色、牙坏死等。

2. 选择合适的牙具

家长要帮助孩子选择合适的牙刷和牙膏。适合低龄儿童使用的牙刷是软毛小牙刷，它最好有两排毛刷，每排六七束，毛质软。另外，家长要及时给孩子更换牙刷，以三个月一次为佳。选用氟化物牙膏可以有效预防龋齿。在孩子换牙期，含氟牙膏可以帮助新出恒牙进行窝沟封闭。另外，牙膏的种类和品牌应交替使用，如果孩子长期固定使用一种牙膏，可能会使牙细菌产生耐药性。

3. 定期检查口腔

每半年至一年，家长应带孩子到正规医院口腔科进行一次检查，检查项目包括牙齿的发育与咬合、龋齿、牙龈及其他口腔组织等。如发现龋齿或者牙列不齐等症状，应及时治疗。此外，家长在检查时可以询问医生是否需要给孩子进行窝沟封闭手术，窝沟封闭能较好地保护孩子的牙齿，降低龋齿发生的概率。

4. 均衡饮食

家长应多烹饪富含纤维、磷、钙和维生素的食物，例如，黄豆与豆类制品、骨头汤、牛奶、新鲜蔬菜和水果等，以帮助孩子的牙齿钙化。同时，家长应让孩子多喝水，少吃甜食。孩子每天吃糖的次数应控制在1—2次，否则孩子口中含糖的时间过长。含糖时间过长既限制了唾液对细菌产酸的中和，又会导致口腔中细菌迅速繁殖。

二、预防眼睛近视

案　例

这两天小选总是不自主地眨眼睛，还眯着眼看东西，爸爸带她去医院检查后，才发现视力下降了200度。小选的爸爸说：“我买的平板电脑自己没怎么用过，都被小选拿去玩了，一拿着就不撒手。”小选爸爸原先觉得平板电脑里有很多学习的软件，买回来可以给小选当早教机。可后来才发现，小选越来越痴迷于里面的游戏，每天放学回来就拿起平板电脑玩游戏。一旦禁止她玩儿，她就会大吵大闹，饭不吃，作业不写，还威胁不去上学了。

解 析

如今，电脑、手机等电子产品已然成为孩子们热衷的“玩具”。不少小学阶段的孩子视力下降，甚至患上各种眼部疾病。孩子眼睛的眼轴比较短，而角膜的曲度较大，这种生理结构使孩子在六七岁之前眼睛都是远视的状态。如果这时孩子常常用眼疲劳，眼睛超负荷工作，那么远视状态结束的时间可能会提前。有些孩子可能并不知道什么是近视，也不能准确地表达眼部的不适，所以家长极有可能忽视孩子可能存在的斜视、弱视、角结膜炎或先天性眼球疾病等。如果孩子经常眯着眼睛看东西，家长就需要警惕孩子是否视力下降或者患上散光。在本案例中，像小选这么大的孩子，他们的视觉系统发育还不成熟，控制眼睛闭合的肌肉和瞳孔的收缩能力不如成年人，他们比成年人更容易产生视觉疲劳，过度使用智能手机和平板电脑会加重近视和散光。

家教指导

家长可从以下三个方面帮助孩子保护视力，预防近视。

1. 帮助孩子养成良好的用眼习惯

家长应引导孩子养成好的用眼习惯，读书写字遵照“三个一”的规范（即书本距眼睛一尺，胸部离桌子一拳，握笔时手尖距笔尖一寸）。家长可以为孩子准备一套符合人体工学的书桌，在保护孩子脊椎的同时，帮助孩子维持正确的写字姿势。另外，尽量不要让孩子在行进中或躺卧状态下读书，不要让孩子在光线过强或过暗的地方看书。

2. 引导孩子合理规划用眼时间

无论学业多重，家长都要让孩子留出足够的时间进行室外远望、室外活动和体育锻炼。屋内的视野仅有几米，孩子长期在室内，即使不看书，也会让眼睛的调节能力弱化。同时，孩子在使用电子产品时，可以让其遵守20—20—20原则，即孩子每使用20分钟电子产品，就把视线移到离屏幕20英尺（大约6米）以外，休息20秒钟以上，这样可以帮助孩子缓解眼部疲劳，预防近视。

3. 及时就诊，佩戴合适眼镜

当孩子眼睛出现不适时，家长要及时带孩子去做眼部检查，诊断是否要矫正视力，避免度数快速加深。孩子在被确诊为真性近视后，家长要及时给孩子佩戴合适的眼镜。如果不戴，孩子看不清物体时就会拼命地眯着眼，眼球受过度挤压会让视力加速退化，甚至引发病变。

三、培养规律作息

案 例

早晨七点，妈妈第三次喊星星起床，星星翻了个身嘟囔着："妈妈，我再睡一会儿。"几番哄骂和拖拽之后，星星才磨磨蹭蹭地爬起来，匆匆忙忙吃两口饭，然后往学校冲去。下午放学回家后，星星见爸爸妈妈还没有到家，就不着急写作业，而是搜罗家里的零食，打开电视机，边吃零食边看动画片。等吃晚饭时，星星已经不太饿了，简单地吃几口饭，在爸妈的反复催促下开始慢腾腾地写作业。其间，星星一会儿去喝口水，一会儿又瞄一眼电视，或者干脆到厕所里待上一会儿。到晚上10点半，星星的作业还没有做完，却已经打起瞌睡来了。写作业的效率极低不说，睡觉的时间根本就不够，每天如此，生活作息出现恶性循环。

解　析

良好的作息习惯和充足的睡眠，有助于孩子的身体健康，也能让孩子每天精神饱满地去学习。小学低段是培养孩子良好作息习惯的黄金时期，但低年级孩子的自制力相对比较差，良好作息习惯的养成需要持续较长时间的训练，以及需要家长的严格要求和及时强化，才能得到有效固化。另外，孩子好习惯的养成，也需要家长发挥榜样示范作用。

在本案例中，星星还未养成良好的作息习惯。他做作业时注意不集中，本来用一个小时能做完的作业，用两个小时也没有完成。而且他贪玩，一回家就抱着电子设备玩，导致该做的事情做不完，最后影响了正常睡眠。案例中，星星父母的榜样作用也未充分发挥，未给孩子创造良好的氛围，影响了孩子良好作息习惯的养成。

家教指导

良好的作息习惯不仅有利于孩子的身体健康，还能保证孩子有充足的精力用来学习，但它需要逐步养成。家长可以这样帮助孩子建立规律的作息习惯。

1. 建立舒适的就寝环境

家长可以和孩子共同布置一个温馨舒适的就寝环境，睡前可以播放催眠曲，同时关闭房间内的光源，培养孩子按时上床、上床即入睡的好习惯。

2. 坚持早睡原则

家长每晚9点左右就让孩子做睡前准备工作。上床睡觉前，让孩子去阳台呼吸新鲜空气，深呼吸，刷牙洗脚，静坐一会儿使身心放松。睡前不要让孩子做一些刺激性的活动，如看电视、电影，看书，不要打骂训斥孩子，也不要强迫孩子做不愿做的事，总之，最好避免所有让孩子情绪激动的活动。此外，入睡前不要让孩子吃东西，晚饭也不宜吃得过饱，可以多吃一些富含氨基酸的食物。

3. 不要改变节假日的作息

有的家长认为，孩子平时上学期间睡眠和玩耍的时间都不够，节假日应该补回来，这些想法在一定程度上纵容了孩子的行为。实际上，节假日补觉反而会让孩子更加疲惫，也会破坏平时养成的好习惯。家长应该明确规范孩子的作息时间，制订奖惩细则，让孩子明白养成规律作息的重要性和好处，逐渐培养出规律的作息。

四、坚持锻炼身体

案 例

俊俊已经8岁了，但走路时脚跟还不能着地，也不会自己系鞋带，还很难完成拍球、跳绳等一些简单的运动。不过，俊俊的智力测查是优秀，他的知识面广，能说会道，但考试成绩经常只有50多分。家长带俊俊去医院做了检查，发现他有严重的感觉统合失调，所以才有注意不集中、好动不安、动作笨拙、爱发脾气等一系列问题。感觉统合失调和缺乏运动有直接关系。

原来，俊俊是由爷爷奶奶带大的，从小就被溺爱和过分保护，各种运动能力的发展被限制了：婴儿时期怕摔着、碰着，没有让他学过爬；幼儿时期，怕他走路累着，就总是抱着他；直到现在，俊俊到哪里都是爷爷开车接送。

解 析

儿童智能的发展离不开运动。儿童在运动中得到丰富的感觉刺激，他的各种器官将这些信息输送到大脑，大脑接收的信息越多，对大脑的结构和功能发展越有益。运动使身体和心灵共同参与学习，协同合作激发和调动了儿童大脑神经的活动能力，最终使大脑反应越来越快，控制能力越来越准确。大脑思维的灵活性与肢体的灵活性是相联系的。

很多有学习问题的孩子，他们的视觉跟踪能力差，在阅读时经常会出现落字、跳行、看错数，这主要与他们的眼肌控制能力差有关。而大脑对眼肌的控制，是要在有氧运动中发展的，像一些有追踪目标的运动和投掷类运动都对眼肌的发展有直接作用。经测查，很多注意不集中的孩子，他们的内耳前庭基本上都发展不平衡，这导致孩子总处于情绪不安稳状态，严重影响了其注意的集中。内耳前庭的发展，正是在孩子奔跑和运动中锻炼实现的。

充分的运动能在多方面为孩子的成长提供机会。运动中需要伙伴，孩子便能学会与他人沟通和相处；运动中，孩子会得到愉快的情绪体验，同时也能发泄自己的负面情绪；运动中要全身心投入，孩子的耐力、坚持性和专注力都会提高。运动还可使孩子的耐力和免疫力提高，运动对人体血管有调节作用，可改善体温调节功能并使体弱儿和病儿受损功能恢复健康。

在本案例中，俊俊的运动少得可怜，家长只片面地注重知识的灌输和技能的培养，而不为他创造游戏活动的条件，其实这样会影响孩子体能和智能的正常发展。家长要有意识地给俊俊提供运动机会，注重其感觉统合能力的训练，促进大脑发育。

家庭指导

家长可从以下三个方面培养孩子锻炼身体的习惯。

1. 根据孩子的年龄和体质来安排活动项目

对于年龄较小、体质弱、不爱活动的孩子，家长可以多陪孩子玩一些体育游戏。例如，在散步的时候，家长可以和孩子一起玩踩影子的游戏，待其有了兴趣，再参加跑、跳、投掷、球类等体育活动。对于年龄较大、体质好、喜欢活动的孩子，可以让其独立参加一些体育项目的锻炼，也可以鼓励孩子参加体育竞技项目，使孩子获得身心的锻炼。

2. 教给孩子锻炼身体的方法

小学低段孩子的年龄小，体质幼嫩，又缺乏体育锻炼的经验，因此，家长要教给孩子体育锻炼的方法。在开展体育锻炼的时候，家长应先讲明活动要领，做好示范动作，并加强对孩子的指导与保护，防止发生事故。

3. 培养孩子良好的运动习惯

兴趣是最好的老师，培养孩子体育锻炼的兴趣，可以从体育游戏开始，也可以让孩子去参观、欣赏各种体育比赛，还可以让孩子尽量多接触不同的运动，了解和感受运动的乐趣。同时，体育锻炼只有坚持不懈，才会有效果，所以父母要督促孩子养成每天坚持锻炼的习惯，帮助孩子看到锻炼的效果。

五、培养孩子自信

案 例

7岁的苗苗是老师心目中的乖孩子，但比较内向，做事缺乏积极性和自信心，很依赖别人。课外活动中，在走比较高的台子的时候，其他小朋友都能够大胆地走上去，但苗苗总是不敢往上面走，怕摔下来，必须让老师在旁边扶着才敢走过去。在手工课上，老师提供了很多的活动材料，她都不敢大胆运用材料进行独立的创作，一直模仿别人的作品。

老师向苗苗的妈妈反映了苗苗的情况，妈妈表现出了和老师一样的担忧：我总觉得她胆小，缺乏自信，平时和小朋友一起玩，她不敢拿主意，也不敢大胆地说出自己的想法。苗苗凡事总是思虑再三，对新鲜的事物也不敢主动去尝试。

解析

自信，也就是相信自己有能力去完成一件事情，是一种积极的意识特征和心理状态。自信的孩子在面对困难时会更加勇敢，愿意付出努力去达成目标，通常来说，这样的孩子也更容易成功。当前很多父母担忧自己的孩子缺乏自信，不敢勇敢地参与活动和表现自己。孩子不自信是什么原因造成的呢？主要有三个方面：第一，父母为孩子包办一切，替孩子做决定。第二，父母否定孩子的决定，只要不顺从自己的意思，就会批评孩子。第三，父母对孩子的期望太高，也是一种对孩子变相的否定，会让孩子觉得自己每件事情都做不好，逐渐萌生自卑心理。

苗苗的家长可能就是如此，在家时为孩子做决定，生怕孩子磕着碰着，所以孩子和别的小朋友玩的时候也不敢拿主意。自信心在3—6岁初步形成，7—12岁时沉淀稳定下来。所以，在这个阶段，如果家长能够提供给孩子充分自我表现的机会，并教给孩子掌握适当的技巧，孩子的自信心完全可以得到良好的发展。

家教指导

要培养孩子的自信心，父母在养育孩子的过程中要注意以下四个方面。

1. 信任孩子的能力

很多时候，孩子的自信感来源于生活中最重要的成人的信任，因此，家长要尊重孩子，在一起做事情的时候征求孩子的意见和观点，并给予有意义的回应。家长不能用伤人的语言嘲讽孩子，如果总是拿别人的长处和自己家孩子的短处相比，很容易打击孩子的自信心。只要孩子在不断努力，有自己闪光的地方，家长就值得为孩子感到自豪。

当孩子遇到挫折时，家长应该鼓励孩子，与孩子共同战胜困难。如果孩子表现出退缩，或者说自己不行的时候，家长应该表示出对孩子的信任和肯定："妈妈/爸爸相信你一定可以做到的。"家长的评价有时对孩子来说起到很大的作用，因此，家长要称赞、赏识孩子，肯定孩子的能力。

2. 不给孩子提出过高的期望

"望子成龙，望女成凤"是所有家长的心愿，然而太高的期望会给孩子带来巨大的压力。一旦达不到要求，孩子的自信心就会受挫。每个孩子都有不同的长处和劣势，我们不可能要求孩子什么都会，不要给孩子设置过高的标杆。另外，孩子的发展进步需要一个过程，家长要多一些关心和耐心，切不可急于求成。

3. 让孩子获得成功的体验

让孩子体验到成功是孩子获得自信的重要一环，因此家长要创造机会让孩子获得到成功的体验。家长最开始可以安排些小任务，然后循序渐进地提出新的目标，让孩子能够不断获得成功的喜悦。在这个过程中，即使孩子开始没有做好，家长也不要心软，而是应该和孩子一起分析原因，鼓励孩子继续尝试。家长也可以给孩子布置一些有意义的任务，让孩子感受到自己的价值。另外，家长可以挖掘和培养孩子的某一项特长，让孩子感受到自己的优势。

4. 教孩子进行积极的心理暗示

很多时候，孩子对自己的能力没有一个正确的评估，所以在面对困难或者挑战的时候容易选择逃避的方式。在孩子面对困难的时候，父母可以让孩子自己对自己说："我可以做到，我是最棒的，我不会被困难吓倒，我可以克服困难。"

六、应对同伴欺负

案　例

萌萌6岁，刚上小学一年级。本来萌萌很喜欢上学，可连续几天放学回来，萌萌的笑脸都不见了。不管家长怎么问，她都是一副垂头丧气的样子，整个晚上都不怎么说话，早上上学也一改过去的积极踊跃，总是磨磨蹭蹭的，好像不想去学校。这天晚上，萌萌的爸爸和妈妈“逼问”之后才知道，因为萌萌长得比较文静，个头也比较矮，班上几个个子比较高的女生总是欺负她，故意把她的铅笔盒扔在地上，在她走路的时候伸脚绊她，还把她头上的橡皮筋给拽了下来，要不是老师帮她重新扎好了头发，萌萌要一直披散着头发。萌萌的爸爸和妈妈感到很愤怒，但又不知道该怎么办才好。萌萌爸爸想去学校找那些孩子“报仇”，可萌萌却拦住了爸爸。

解　析

案例中的萌萌，以前很喜欢上学，现在却抗拒上学，就可能是在学校中发生了不愉快的事情。在孩子被欺负后，家长要做孩子坚强的后盾。孩子处理事情的能力毕竟不足，被欺负后，性格懦弱一点的孩子可能只会忍气吞声，“刚”一点的孩子可能会用自己的方式讨回“公道”。家长要让孩子知道，如果孩子被欺负，自己永远会站在孩子的背后，绝不会让孩子一个人默默地受委屈。哪怕有时候孩子受委屈时家长不在旁边，事后知道了可以给孩子心灵上的支持，不让他独自一人承受。

家教指导

当孩子被欺负时，家长要保持冷静，表现出对孩子的尊重、理解和支持，然后及时地与学校进行有效的沟通，必要时还需要联系对方家长，共同商讨解决方案。具体来说，家长可从以下四个方面入手。

1. 了解实情

有的家长性子比较急躁，当得知孩子在学校被欺负后，要么不管三七二十一先训孩子一顿：怎么不欺负别人就欺负你呢？是不是你做了什么惹到别人了？要么火冒三丈，恨不得立马挽起袖子去打对方一顿。有些孩子情绪可能比较激动，家长可以先带孩子远离“事发”地点，营造一个安全的环境，等孩子情绪平复下来之后再询问。

听完孩子的诉说之后，家长应该再问问孩子真实的情形是怎么样的，等了解清楚再下定论。如果是其他孩子错了，家长要通过老师和另一个家庭沟通这一件事情，不能让孩子再次受到欺负。如果是自己家孩子先错了，要先安抚孩子的情绪，和孩子讲明什么行为是“好行为”，什么行为坚决不能做。为了维护孩子在同伴中的形象，家长也应该与另一个孩子的家庭沟通，表达歉意。

2. 安抚孩子的情绪

在孩子讲述事实和与孩子商量解决办法的时候，家长要充分体察孩子的情绪，先处理孩子的情绪问题。家长可以采取拍背、抚摸、拥抱等肢体接触给孩子安慰，并且说一些安慰的话语，例如，“她把你的铅笔盒扔在地上的时候你很难过，是吗？”或者，“你觉得她们这样做不对，伤害了你的感受，是吗？”

3. 教会孩子保护自己

当孩子的情绪平静下来后，家长需要做的是教会孩子如何保护自己。一方面，家长告诉孩子要掌握两个原则：第一，被欺负时，孩子能够传达出自己不是那么好欺负的信号；第二，孩子要有足够的自保能力。另一方面，家长可以教会孩子一些应对方法：第一，不要害怕，严厉大声地喝止对方，学会说“不许打人”“不可以”“你这样做是不对的”。第二，随机应变，如果对方人多势众或者喝止无效的话，可以选择“走为上策”保护自己。第三，不要在欺负者面前哭，眼泪只会让对方觉得自己软弱，进而变本加厉。

4. 提前演练

家长可以在家里与孩子提前进行演练。家长不仅要告诉孩子怎么去做，也要让孩子真正地“做出来”。例如，要及时地去寻求帮助，如果要反抗的话不要伤及别人。家长可以和孩子反复练习，如果孩子再次受欺负，孩子就不至于因为过于害怕而无法做出有效的应对。

七、家庭健康防护

案　例

新冠肺炎疫情流行期间，彤彤家里可谓矛盾不断。彤彤的奶奶觉得，电视里报道的都是大人得病的新闻，孩子不会感染新冠肺炎，甚至还要带彤彤去亲戚家串门，彤彤妈妈赶紧把她拦了下来。但彤彤奶奶没有意识到问题的严重性，还打电话邀请亲戚来家里做客。

与彤彤奶奶的不以为意不同，彤彤妈妈显得有些紧张过度。彤彤妈妈看见朋友圈里说醋能杀毒，就去买了好几瓶醋放在家里；看见朋友圈里说某种药对新冠肺炎有效，就一大早去排队买；看见朋友圈里卖能增强抵抗力的蛋白，一口气买了一大箱……

解 析

新冠肺炎疫情流行初期，新闻中关于儿童被感染的报道很少，很多人就误以为孩子不容易感染病毒，在防护上掉以轻心。案例中的彤彤奶奶就是这样的一个例子，盲目地认为彤彤还小，不会得新冠肺炎。实际上，由于儿童的生理特点和自身免疫功能低下，他们比成年人更容易出现呼吸道感染。所以有孩子的家庭更要注意做好家庭健康防护。

还有的家长像彤彤妈妈一样，过分地担心孩子会被感染，情急之下“乱投医”，不管朋友圈里转载什么信息都会相信，今天相信偏方，明天相信食疗，后天相信免疫力增强的保健品，其实这些对预防病毒都没有实质性的作用。家长要积极地学习科学的防疫方法，使孩子远离病毒。

家教指导

新冠肺炎疫情流行期间，保持家中的清洁，防止细菌和病毒的滋生与传播非常重要。家长可从以下四个方面做好家庭的健康防护。

1. 注意卫生

新型冠状病毒是通过呼吸道飞沫传播和接触传播的病毒，特殊时期，家长要以身作则，带领孩子保持良好的卫生习惯。要格外注意出门戴口罩、勤洗手，同时保持室内经常通风。

口罩要选用防护飞沫的口罩；佩戴时，应当保证口罩契合面部，保持内部密闭，完全遮住口鼻；摘口罩时，注意不要碰到口罩的外表面，应该用手捏住口罩的带子，扔入专用的医疗废物回收处或者放入垃圾袋中暂时保存。

新冠肺炎疫情流行期间，洗手和戴口罩一样重要。如果接触过病毒的手摸了眼、口、鼻等处的黏膜，也有被感染的风险。在有可能接触病毒之后，或者和孩子接触之前，都须洗手。正确洗手的方法为：（1）使用流动水把双手淋湿；（2）然后取适量肥皂或洗手液均匀地涂抹双手；（3）认真揉搓双手20秒以上，依次搓洗手掌、手背、指缝、指背、拇指、指尖和手腕；（4）使用流动水冲洗干净双手；（5）捧起一些水冲淋水龙头，然后再关闭；（6）用干净的毛巾或者纸巾擦干双手。

家长要帮助孩子养成好的习惯，例如，擦拭眼睛前应该洗手，冲厕所时要盖上马桶盖。此外，无论是平时还是特殊时期，家里都应该保持通风，每天开窗通风的时间最好超过30分钟。

2. 家庭清洁与消毒

新冠肺炎疫情流行期间，家中应以清洁为主，消毒为辅，具体须要做到以下三个方面：第一，保持家居用品表面的清洁。地面、桌面、手机、门把手等经常接触的表面需要每天清洁，如果外出或有客人来访的话，可以用医用酒精或者“84”消毒液等有效的消毒用品擦拭接触过的相关家居用品表面。第二，恰当、及时地处理口鼻分泌物。即使是在家中，咳嗽或者打喷嚏时也应该用纸巾掩住口鼻，然后将用过的纸巾扔进垃圾袋中，及时丢弃，避免其他家庭成员接触到。第三，外出后，衣物应经常换洗，可以使用适量含氯消毒剂进行浸泡消毒。须注意的是，任何消毒产品都应该按照产品说明书来使用，以免出现安全问题或者损害身体健康。

3. 保持健康的生活方式

中国健康教育中心认为，疫情流行期间应该保证合理膳食、适量运动、戒烟戒酒、心理平衡。膳食应该注意荤素搭配、营养均衡，多吃水果和蔬菜补充维生素和膳食纤维，多喝白开水。家长可以带领孩子做一些适合室内的运动，比如瑜伽、蹲起等，增加运动量。

4. 防疫后期重心由“生理”防护转为“心理”防护

随着时间的推移，疫情逐渐得到控制，家长也需要逐渐关注自己和孩子的心理健康的维护。疫情初期，我们会产生恐慌情绪，担心病毒会传染给自己和家人，而疫情中后期，焦虑感逐渐增加，这种焦虑感很大程度上是出于对回归正常生活的渴望。面对长久的疫情，我们要放松心情，相信经过所有人的努力，疫情最终一定会被战胜。要知道，孩子的情绪很容易受到大人的影响，家长的焦虑和恐慌都会传染给孩子。所以，家长应该首先保证自己的心态积极，陪孩子一起度过与疫情抗争的日子。

专题四
安全教育

生活中潜在的不安全因素来自各个方面。小孩子生性活泼好动，因缺乏安全意识和生活经验，他们对所有东西都充满好奇，对危险的警惕性不高，非常容易受到意外伤害。家庭是儿童活动的主要空间，所以家庭中的安全防护尤为重要。全球儿童安全组织的《儿童家居用品安全——儿童伤害状况和家长认知报告》显示，61.2%的儿童伤害发生在家中。家中经常发生的儿童伤害主要有跌倒/坠落（占25%）、烧伤/电伤（占16.7%）、锐器伤（占9.1%）等。因此，做好家庭安全防护，保障儿童安全，是家长的重要责任。

本专题围绕小学低段孩子容易发生的危险，选取了保障居家安全、学会自我保护、避免危险游戏、正确对待动物、关注食品安全等主题进行分析和讨论。在家长指导方面，指导家长提高自身的安全意识，并做好孩子的安全监护和安全教育，增强孩子应对意外伤害的意识和能力。

一、保障居家安全

案 例

过春节，爸爸带着小丁去串门，爸爸和朋友在书房聊天，让小丁自己在客厅玩。活泼好动的小丁看到桌上有一串钥匙，又对旁边的电源接线板感兴趣，就把钥匙插入了通电的接线板中。小丁惊叫一声，便倒在了地上。爸爸听见动静跑出来，看到这个情景，赶紧给孩子做人工呼吸，朋友赶紧打急救电话。幸好医生来得及时，孩子的命保住了，但是他的身体已经严重受损，尤其是脑部的损害会影响终生。

解 析

家里虽然是安全的港湾，但也潜藏危险。家庭用品的安全隐患有用电事故、燃气厨具事故、玩具事故、食品安全事故、用药安全事故等。但超过70%的家长不会定期对家居用品及其摆放进行安全检查，其中7%的家长从不检查，近80%的家长不清楚如何对家居用品进行安全检查。

常见的儿童居家安全事故有塑料袋窒息、绳带缠绕、坠伤、玩具伤害、热奶烫伤、误吞误食、浴缸溺水、没有固定牢的轻巧家具翻倒砸伤、药品和化妆品误食伤害、带玻璃的家具撞击伤害、通电插座触电伤害、误食细小物、饮水机热水烫伤、浴室金属部件灼伤、栏杆坠伤、被房门或橱柜门夹手、拉扯桌布导致砸伤或烫伤、瓷砖湿滑导致滑倒、刀具刺伤，等等。案例中的小丁就是因家用电源插座保护不当和家长看护不周，发生了触电事故，受到了严重的伤害。因此，家长要注意孩子身边的危险物品，做好防护。

家教指导

家庭看护中往往不能做到百分之百的监控，年龄小的孩子好玩又好动，因此也容易引发跌落、触电、中毒、烫伤、抓伤和咬伤等伤害性事故。那么，家长如何防范家用物品带来的安全隐患呢？

1. 确保家具和家用物品对孩子安全

家长尽量不购买边角坚硬的家具，或者家长要对家具边角进行安全处理，柜子、桌椅的摆放要牢固稳定，避免倒下时砸到孩子或孩子攀爬时摔倒，要用儿童安全搭扣防止抽屉、门窗、柜子夹到儿童的小手；铺设的软垫、厚毛毯或泡沫垫的质量要有保证，注意环保以免引发过敏；家中刀、剪子、火柴、打火机不要放到孩子能拿到的地方，保鲜膜、塑料袋、扣子、钉子等物品不要让孩子玩，以免发生窒息、扎伤等事故。

2. 识别电器和电路的危险

防范电器和电路的危险，家长应做的主要工作有电线插座要保证质量、安全使用，有幼儿的家庭应使用儿童安全插座，对空置的插孔要用插座安全套进行处理；电器最好购买质量好的、有童锁的，例如，饮水机和洗衣机，日常使用电器时要科学使用，注意安全；不要使用线路老化的插线板或电器，手机和电动自行车充电最好在白天或定时拔掉电源，以免超时充电引发火灾；要替换已经磨损的或破裂的电线，放松支架和插座；确保每个电源插座只有一个插头，避免使用超载的插座；移开地毯下或在钉子、加热器、暖气管上的电线；盖住暴露的插座和电线；修理或替换过热、短路、冒烟或出火花的设备；购买配有自定关闭电源的便携式加热器，避免使用延长的电线。

3. 及时识别和防范家中潜在的危险

燃气管道或燃气罐的使用要注意安全，防止燃气泄漏。厨具、灶具、刀具要买安全的合格产品。厨房门平时保持关闭，教育幼儿不进厨房。打火机、火柴、发胶和杀虫剂这些易燃气体以及硫酸、盐酸等用于厕所清洗的化学物品要妥善保存，远离热源和儿童。及时清理旧抹布、报纸、床垫、坏掉的家具和其他易燃材料。衣服、窗帘、抹布和织品要远离电器设备、气体用品或易燃材料。抽油烟机、烟囱、暖气管、通风孔连接器要经常清扫并修理。

4. 注意保管家庭药品、体温计，用药时看清说明

家长每半年检查一下药品的保质期，处理过期药品以免误用。用药时，看清说明和保质期，按剂量服用。孩子感冒发烧时，用抗生素类药品要谨慎，最好在医生指导下用药，不能几种药一起吃，以免发生药品事故。对孩子的过敏史、患病史留好记录，以免时间长忘记而出现滥用药物问题。

二、学会自我保护

案 例

星期天，红红的父母出去买东西，红红一个人在家。这时，门铃响了起来，红红起身问："谁呀？"只听外面的人说："我是你爸妈的朋友，他们刚才去买东西忘记带包了，让我回来拿。"红红刚要开门，突然想起了爸爸临走时嘱咐的话："谁叫也不要开门。"于是红红说："让他们自己回来拿吧。"外面的人又说："你的爸爸妈妈正在那里排队，特地叫我回来帮他们拿包的。"

红红听了不仅不理，还拿起电话悄悄地打爸爸的手机，可爸爸的手机正好关机了。尽管如此，红红还是没开门，并对着门外大喊："我爸爸刚才打电话回来了，说不用拿包了，他们不买东西了，马上回家来！"爸爸妈妈回来后，红红问起是否让别人来家里拿包的事情，爸爸妈妈惊出一身冷汗，爸爸连声说："多亏我嘱咐了几句，也多亏我闺女警惕性高。"

解 析

生活中潜在的不安全因素来自各个方面。小孩子生性活泼好动、缺乏安全意识和生活经验，他们对所有东西都充满好奇，对危险的警惕性不高，家长应该根据孩子的年龄特点进行安全教育，帮助孩子树立安全意识、学习安全常识和掌握安全技能。

在本案例中，爸爸妈妈对红红进行了必要的安全教育，因而防止了一场安全事故的发生。案例中，红红在三个环节上的做法体现了家长的安全教育到位：首先，针对孩子独自在家的场景，父母强调了不能给父母以外的其他人开门，因此，红红没有上当受骗给犯罪分子开门。其次，红红记得爸爸妈妈的手机号码，知道有事情要给家长打电话。最后，在联系不上父母的情况下，红红知道不能和陌生人说真话，就谎称父母联系了自己，马上回来，促使犯罪分子赶紧离开。

家教指导

家长对儿童要进行法制安全教育，要教育孩子遵法守纪，这是对自己和他人形成最基本安全保护的前提。同时，要加强孩子自我保护的安全意识，教孩子自我保护的具体内容，在具体教育中，儿童安全教育可遵循八大守则。

守则一，平安成长比成功更重要。告诉孩子，任何人也无权剥夺他们的安全权。

守则二，背心、裤衩覆盖的地方不许别人摸。孩子应当知道身体属于自己，身体的某些部位应被衣服覆盖，不许别人看，更不许别人触摸。

守则三，小秘密要告诉父母。家长要向孩子保证，无论发生什么事情，只要孩子向父母讲明实情，父母都不会责怪的，而且会尽力帮助孩子。

守则四，不喝陌生人的饮料，拒绝吃陌生人的糖果及其他食物，这并不是没有礼貌的表现。

守则五，为了保护自己，儿童有权打破所有规章与禁令。告诉孩子，在紧急之中，他们有权大叫、大闹、踢人、咬人，甚至打破玻璃、破坏家具。

守则六，不保守坏人的秘密。告诉孩子，即使他曾发誓不告诉别人，但遇到坏人欺负一定要告诉家长，这些秘密千万不要埋藏在心里。

守则七，遇到危险要学会自救。遇到坏人、地震、大火，孩子应当果断逃生，学会报警、自救、自助。

守则八，坏人可以骗。对坏人可以不讲真话，机智应对才是好孩子。

在教育方法上，家长可采取多种方式，讲解与示范相结合，故事与游戏相结合，观察与体验相结合。下面介绍几种实施安全教育的方法。

1. 情绪渲染法

让孩子通过探望事故相关人员或听他们讲事故的经历来了解安全事故产生的破坏性。例如，孩子跑得太快或者在路上不小心摔倒时，家长除了关心孩子，还要及时引导孩子，让他知道为什么会摔跤，为什么会受伤，以后应该怎么做。这样孩子就能从生活中吸取他人的教训，或者从自己亲历的小事中一点一滴地丰富自己的生活经验，及时有效地掌握安全知识。

2. 故事引导法

家长通过讲故事、聊天、读书、唱儿歌、看电视节目等多种形式对孩子进行潜移默化的安全教育。例如，讲讲经典故事《小红帽》《三只小猪》《狼来了》《小马过河》《农夫与蛇》《东郭先生和狼》《小和尚剃头》。家长也可以根据孩子在日常生活中面临的安全隐患，以小动物故事的形式给孩子讲各种安全故事，还可以让孩子看看专为儿童设计的安全教育类动画片《大吉成长记》《小学生安全教育动画片》。

3. 游戏体验法

家长通过亲子游戏来模拟安全场景或模拟安全事故的过程。例如，玩小红帽游戏、小兔子乖乖游戏可以学习如何应对陌生人；可以在游戏中模拟马路场景，学习交通规则；玩“找找危险用品”游戏可以让孩子分辨哪些物品是危险物品。

4. 对话引导法

家长可以设计一些问题情境，例如，摔伤了怎么办？玩滑梯时脚卡了怎么办？落水了怎么办？房子着火了怎么办？家长可以通过对话引导孩子设想各种自救方法并进行演习，也可以用不同行为的图片和孩子讨论哪些行为对，哪些行为错。这些活动既是游戏，也是模拟练习。

5. 技能教育法

家长要教会孩子一些自我保护的方法和日常安全技能。例如，记住家人的姓名、父母的手机号码、家庭地址等信息；学会打电话，记住拨打电话号码110可以得到警察的帮助，拨打电话号码120可以得到急救中心的帮助；放学时如果父母没有来接，绝不能跟陌生人走。

三、避免危险游戏

案 例

最近班里流行“坐屁蹲儿”游戏，就是趁同学不注意的时候把椅子悄悄地抽走，同学不知情，一坐就坐在了地上，摔个四脚朝天，样子特别滑稽。萌萌非常热衷于“坐屁蹲儿”游戏，这天数学课下课了，老师喊“下课”，同学们都起立，萌萌偷偷地把前面小红的椅子抽走了，等老师一走，小红就往下坐，一下子摔倒在地。因为坐得太猛，小红摔在地上起不来了。老师赶紧把小红送到医院，医生诊断为“尾骨骨折”。第二天，萌萌的爸爸妈妈带着萌萌向小红和小红的家长道歉，主动赔付了医药费。小红及其家长原谅了萌萌，但是萌萌这个并无恶意的恶作剧已经深深地伤害了小红，萌萌天天坐立不安，后悔不该和同学玩这个危险的游戏。

解 析

游戏在孩子成长过程中是必不可少的，是孩子学习知识、学会与人相处的重要方式。但是孩子因安全意识不强和生活常识不足，常常会玩一些危险的游戏。例如，玩火柴、打火机和点蜡烛容易引发火灾，爬到高处往下蹦容易摔伤，挥舞棍子或手拿刀具容易伤到人，模仿电视做“杀人”或者“自杀”的游戏会伤害他人或自己，同伴之间玩扔石块会砸伤人，在家里蹦床或蹦沙发容易因控制不当而摔伤，马路边玩耍容易出交通事故。

确保孩子的游戏安全，家长需要对孩子游戏场所的安全、游戏道具的安全、游戏的方法过程、游戏的同伴是否安全、游戏是否需要有人看护进行评估。只有这些安全的条件满足了，才能确保孩子在游戏中受益，而不是在游戏中受伤害。

家教指导

如何确保孩子游戏的安全呢？

1. 家长要确认孩子游戏的场所是安全的

家庭的儿童房相对比较安全，房中一般有泡沫地垫，玩具经过家长确认安全性，没有锐角家具或尖锐物品，没有外人进入，是比较适合做游戏的场所。家中的厨房危险因素比较多，有刀具、炊具、厨具、热水器等物品，不适合玩耍。阳台和楼梯因为有落差，容易摔伤，也不适合孩子玩耍。客厅和卧室的家具和电器比较多，也要注意安全。如果孩子在小区或者公园中玩，要到开阔平坦的地方，尽量找没有车辆和路人较少的地方玩耍。马路边、河边、楼梯上、天台上、假山上都有环境风险，不应在那里玩耍。如果遇到刮大风、下雨雪冰雹、出现雾霾、地面结冰等不良天气时，孩子就不要在户外玩游戏。如果孩子易过敏，家长要选择无过敏源的场所。

2. 家长要确认孩子使用的玩具是安全的

家长不要让孩子玩劣质的玩具，劣质玩具容易破损，会伤到孩子。玩具材质劣质也容易引发过敏。家长不要让孩子玩激光笔、弹子手枪、弹弓、棍子、刀具、石头、健身宝剑等坚硬且容易伤人的东西，也不要让孩子玩可能点火的东西，以免引发火灾。家长不要让孩子玩家用电器、电扇、电灯、洗衣机、热水器、充电器等容易引发安全问题的电器用品。对毛绒过敏的孩子不能玩毛绒玩具。孩子玩健身器材前，家长要先检查一下设施器材是否完好。

3. 家长要确认孩子游戏的方式和过程是安全的

家长要让孩子知道骑马式滑楼梯是非常危险的；挥舞棍子或手拿刀具容易伤到人；坐滑梯必须按从上到下的顺序玩，不能从下往上爬，否则容易与滑下来的孩子相撞；不能模仿“杀人”“自杀”“空中飞人”等危险动作。

4. 家长要确认孩子的衣物和护具安全

进行体育活动时，家长要为孩子准备质量合格且大小合适的安全护具，并要求孩子佩戴相应的护具。例如，练习轮滑时要佩戴护膝护肘，骑车或玩滑板车时要佩戴头盔，做这些容易摔倒的活动时必须做好防护。活动前要为孩子摘去身上的别针、绳子等饰品，口袋里的钥匙等硬物要取出来。

5. 家长要进行安全教育，强调注意事项

家长根据活动内容进行安全提示，例如，玩捉迷藏必须划定活动范围，让孩子保持在安全区域中。要求孩子在进行体育活动之前要做热身运动，游戏或运动时注意力要集中。如果有必要，家长应在孩子游戏时进行看护。

四、正确对待动物

案 例

小美有只心爱的小狗贝贝。贝贝拉稀了，什么也不想吃，小美难过得整天抱着贝贝不松手。爸爸妈妈就抽空带贝贝去了动物医院。几天后，小狗的病好了，小美却浑身不舒服了，先是拉稀，接着是发烧、头疼、关节痛、肌肉痛。医生对小美的大便进行了化验和细菌培养，发现了空肠弯曲菌。医生说小美腹内的空肠弯曲菌是小狗贝贝传染的。

解 析

孩子都特别喜爱与小动物玩耍，到动物园或农场常常能见到动物，条件允许的家庭也饲养了宠物。但其中也隐藏着各种风险，尤其是春夏换季时，气温逐渐变暖，动物陆续进入发情期和换毛期，原本温驯的动物可能会变得性情狂躁，容易伤人。此外，孩子接触了动物的毛发、皮屑、唾液或寄生在动物皮毛里的螨虫、跳蚤，都可能会出现皮癣、湿疹等皮肤病。动物的皮毛还会导致人类哮喘病的发作。人与动物亲密接触，最难避免的是寄生虫病源的传染，如果在处理动物粪便后，没有及时地或彻底地清洁手部，则可能被动物的寄生虫虫卵传染，虫卵在人体内继续发育，会使人出现恶心、呕吐、腹痛、腹泻等症状。

在本案例中，小美腹内的空肠弯曲菌就是小狗贝贝传染的，看护人只考虑到家庭饲养动物积极的一面，而忽略了动物可能对家庭中的儿童带来的意外伤害。家长应告诉孩子与动物保持适当的距离，并告诉孩子受到意外伤害时该如何处理。

家教指导

与动物相处时，如何保证安全呢？

1. 与动物要保持适当距离，善待动物，保证卫生

不要与动物过分亲密，为动物准备专用的食盆、水盆、床等，与动物接触后一定要洗手。定期对动物进行健康检查，让动物养成良好的卫生习惯。定期给动物洗澡，用消毒液清洗动物的毛发，家里要经常开窗通风，经常打扫卫生。动物死亡后要很好地掩埋，不可随意丢弃，否则容易传染疾病。

2. 与动物相处时要了解动物的习性，注意安全

家长要教会孩子与动物相处的和谐之道。例如，让孩子不要用粗鲁的抓、捏、掐等方式去对待动物，且尽量不要带它们去比较吵闹、喧哗的地方。不要靠近不熟悉的猫、狗或其他动物，哪怕它的主人就在旁边。在未得到主人同意时，不要抚摸它们，更不要和它们闹着玩。遇见陌生的狗，千万不要与它互相盯着眼睛看，因为它会认为你在向它挑衅。不要追赶、驱逐动物，狗到跟前的时候千万不要试图逃跑，要平静地站着或者轻轻地从狗的身旁走过。如果已经被大型动物扑倒，要将身体蜷缩起来，护住

脖子和耳朵。

3. 家庭饲养宠物须选择适合的动物品种

小白鼠、豚鼠（也叫荷兰猪）、黄金仓鼠（也叫金丝熊）、小松鼠等动物，是不适宜在家庭饲养或当作宠物的，因为这些动物对一些人畜共患病的病原体具有高度的敏感性和易感性，它们一旦感染就有可能将病原体传染给人类，如鼠疫、流行性出血热等。即使是饲养犬类，也要注意各城市相关的犬类收养规定，选择合适的宠物犬。

4. 文明养宠，注意安全防护的准备

出门时要给小狗戴上狗链，以免小狗吓到怕动物的人，或是咬伤人。饲养宠物的家庭一定要配备常用的卫生药物，如碘酒、臭肥皂等，以备被宠物咬伤时急用。如果被动物咬伤，应立即处理伤口，这是防止发病的关键。轻度咬伤的处理方法：如果创伤仅在表皮，且确定没有狂犬病的风险，只需要用肥皂水彻底清洗伤口，并涂抹上抗菌消炎药膏即可，未伤及大血管的伤口不需要缝合和包扎。深度咬伤的处理方法：如果创伤较深，且血流不止，需要用干燥消毒毛巾按压住伤口，然后及时去医院处理，除接种疫苗以外，还要在伤口周围注射抗狂犬病的被动免疫制剂。要注意的是，如果伤口出现肿胀、发红、发热、化脓、疼痛难忍等现象，则可能存在感染，应立即就医。

五、关注食品安全

案　例

雯雯最爱喝的饮料是奶茶，一上街就缠着妈妈买奶茶。这天，妈妈就买了两杯回家。回家以后，雯雯喝了一杯，妈妈那杯没顾上喝，雯雯也实在喝不动了，就放了一下午。晚上，雯雯把奶茶放进冰箱冷藏起来，想着明天还可以喝。第二天，雯雯拿出奶茶一尝，味道有点儿不一样了，不过倒了觉得可惜，还是给喝了。过了一会儿，雯雯开始肚子疼，并且疼得越来越厉害，妈妈带她去了医院，原来是喝变质的奶茶引起了食物中毒。

解　析

食物中毒指食用了不利于人体健康的食品而导致的急性中毒性疾病。食物中毒通常是在不知情的情况下发生，例如，食用了被细菌及其毒素污染的食物，或摄食毒草、河豚等含有毒素的动植物。食物中毒一般可分为细菌性（如大肠杆菌）、化学性（如农药）、动植物性（如河豚、扁豆）和真菌性（如毒蘑菇）。家庭要确保食品安全，在食品购买、加工、存储、食用等过程中要确保卫生，防止食物中毒。

本案例中，奶茶储存不当引发变质，导致了雯雯的食物中毒。奶茶在夏季常温下放置时间长了容易变质，如果一回家就放进冰箱储存，变质的可能性会降低。当孩子出现中毒症状时，家长要及时带孩子就医。夏季是食物中毒的高峰期，家长特别要注意食品安全。

家教指导

家长确保孩子的饮食安全应注意以下三点。

1. 掌握必要的儿童饮食安全知识

家长有必要掌握一定的儿童饮食安全知识，避免盲目购买食物导致对孩子身心健康的损害。例如，家中尽量少买冷饮、膨化食品、果冻等。这些食品长期食用，不利于儿童健康成长。再如，提醒孩子多喝白开水，少喝或尽量不喝彩色汽水、碳酸饮料、奶茶、咖啡等；尽量为孩子的三餐提供均衡的营养；教育孩子合理饮食，避免偏食，避免暴饮暴食。

2. 注意食品及其包装中可能存在的潜在危险

家长在为孩子挑选食品时，要注意食品包装中可能存在的潜在危险。例如，易拉罐装饮料比瓶装饮料铝的含量高出3—6倍，若常饮易拉罐饮料，会造成铝摄入过多问题。铝过多可能导致儿童智力下降，行为异常，不利于儿童骨骼及牙齿发育。另外，提醒儿童注意防范吃东西时被噎着，如注意吃鱼时不要被鱼刺卡嗓子等。

3. 对孩子进行食品安全教育

家长对孩子也要进行食品安全教育，教育他们去正规商店买食品，选择食品时要看生产日期和保质期；不买校园周边、街头巷尾的三无食品；饭前便后要洗手；水果要洗干净后才能吃；放很久的食品、饮品不能食用，有异味的食品不能食用。家长还要告诉孩子，冰箱里的食品哪些可以直接吃，哪些要加热消毒后才能吃。

专题五
媒介素养

小学低段的孩子刚刚迈进学校的大门，开始接受学校教育，他们的自我控制能力虽较幼儿时期有所发展，但仍然较差，容易受到他人的影响和暗示。随着信息技术的发展，小学生从不同媒体中接收的信息和受到的影响越来越多，提升媒介素养成为小学生健康成长的重要内容。媒介素养指在人们面对不同媒体中各种信息时所表现出的对信息的选择能力、质疑能力、理解能力、评估能力、创造与生产能力及思辨的反应能力。从我国当前的情况来看，小学低段媒介素养发展的重点是培养孩子从小养成安全、健康、文明的良好上网行为习惯。

小学低段的孩子在媒介使用方面，看视频、玩网游是主要内容。与此同时，他们在网上的交往、学习、表达行为也开始慢慢地活跃起来。很多学生已经习惯拿家里的手机、平板电脑，自主下载安装软件。有部分学生开始有了微信、QQ，通过社交媒体和同伴交流，甚至扫码支付、抢红包也成了他们网上生活消费的一部分。对于这一阶段的孩子，家长应该特别关注其媒介使用时间的管理，密切留意网上内容对孩子的影响。

本专题中，围绕小学低段儿童媒介素养方面易遇到的问题，选取了理性对待广告、防范黄色信息和拒绝暴力游戏等主题，进行了案例分析。同时，在家长指导方面，强调要教授孩子相关知识，家长在遇到问题时要做好自己的情绪管理，要安排丰富的学习娱乐生活，让孩子不依赖手机打发时间。

一、理性对待广告

案　例

聪聪和他的很多同学一样，很喜欢西式快餐。有一天，在经过一家快餐店时，聪聪指着贴在门上的海报说：

“妈妈，我想吃这种汉堡！三层牛肉！像足球那么大！吃完我就会变得超级强壮有劲！”妈妈说：“聪聪，这是广告的效果，实物不是这样的。”聪聪说：“不可能！这个广告电视每天都会播，你看海报上也是这么画的，怎么可能骗人呢？我就要去吃！”说完就哭哭唧唧地拽着妈妈的袖子不停地摇晃。

聪聪每次看到效果很夸张好玩的广告都会信以为真。上次广告说一种零食吃了会变成聪明的小博士，聪聪就吵着非要妈妈买不可，买了之后也没有什么用处，可下次遇到好玩的广告宣传用品聪聪还是要买。妈妈遇到这种情况也是拿他没办法，觉得也没多少钱，就买给他吧。

解　析

如今电视里和网络上广告满天飞。广告商通过广告，让人们相信购物不仅是一种生活的必需，而且是一种休闲和享受，还让人们相信只要拥有某项新产品，就仿佛高人一等，也会比他人更快乐。各种宣传媒介，无时无刻不在鼓动人们努力消费。即便是具备独立思考能力的成人，也经常会抵挡不了广告的冲击，对年幼的孩子来说，就更不容易抗拒广告的诱惑了。儿童反复接收广告中大肆宣扬的消费观，极容易被诱惑而养成毫无节制和漫无目标的消费习惯，会形成不正确的消费观。儿童对广告的注意程度、信任程度随着年龄的增加会有很大程度的降低，电视广告对儿童的影响随着年龄的增加而减小。家长要让批判意识早点进入孩子的头脑，尤其是在看广告的过程中，教会孩子用批判的眼光来看待广告和认清广告，并能控制欲望，学会管理自己的消费行为。

案例中的聪聪对广告的效果深信不疑有两个方面的原因：一方面，他缺乏对广告或者说是对媒介宣传的正确认知。另一方面，妈妈的做法也有不妥之处，她明知道广告效果有夸张的成分，但并没有做好相关的引导和教育工作，只是简单地劝说，然后就放弃了。这种听之任之的态度我们是不赞成的。这样的做法会让孩子对类似的事情依然没有一个明确的认知，下次还会发生同样的情况。

家教指导

关于如何引导孩子理性地看待广告这件事，家长具体可以做些什么呢？

1. 让孩子了解广告知识，学会看广告

家长可以让孩子了解一些广告知识，例如，广告是怎样做出来的，用意是什么，等等。如果孩子兴冲冲地买了广告宣传的玩具，到手后却发现并没有那么神奇。这时，家长应把握机会和孩子讨论，鼓励孩子说出他对广告的看法和对产品的期望，然后再让他描述使用那个产品后的感受以及产品的真实质量。慢慢地，孩子就会有所怀疑，不会对广告的说辞照单全收了。

2. 让孩子知道广告中有时会有陷阱

广告的宣传者会利用一些含有歧义的字眼促销自己的商品，例如，“买一送一”的促销口号和产品包装上的图片，可能会与实际情况有差别。孩子如果只是受到宣传的吸引，可能会买到与自己意愿相悖的商品。广告往往会夸大商品的某一单一特性，而忽略了其他的不便和缺点，家长也要教会孩子去辨别。

3. 让孩子学会重视商品的口碑

家长可以让孩子在买东西之前，多向朋友和同学咨询一下该类商品的口碑，包括使用者的反馈和间接的反馈。这才是了解一个商品好坏最重要的途径，因为使用过的人最有发言权，对商品信息的反馈也更加客观真实。孩子在买东西时，多从人际渠道来了解产品信息，能有效地抵制广告对购物的误导。

4. 有空带孩子参与购物活动，在实践中积累消费经验

周末节假日，家长可以适当带孩子参与一些家庭的消

费购物活动，在实际购物体验中，不失时机地给孩子讲一些消费知识。视孩子的年龄和能力，家长适当地给孩子零花钱，让他们对自己感兴趣、有需要的生活学习用品有自主消费权，让孩子多积累消费经验。

二、防范黄色信息

案　例

宁宁上小学二年级了，最近在上网时无意点击了一个弹出的色情网站广告，本来想关掉，但又觉得很好奇，于是继续点了进去……。这天晚上，宁宁妈妈悄悄地跟爸爸说："你知道吗，宁宁竟然背着我们看一些黄色视频！"爸爸："啊，不会吧？你怎么知道的？"妈妈："我那天开宁宁的平板电脑，看到他的浏览记录才发现的。你说这可怎么办啊？"爸爸听到后很生气，觉得宁宁这么小就不学好，于是闯到宁宁屋里，劈头盖脸就是一通骂，而且骂得很难听，还说要把平板电脑收走。宁宁又羞愧又生气，然后跑出屋去。爸爸不依不饶："再让我发现你看这些不三不四的东西，看我不打断你的腿！"

解 析

现在的孩子发育快，心智也更早熟。孩子平常在电视、电脑、电影上早就看过许多亲热的镜头，他们还会从生活中观察到男女的差异，进而产生好奇或困惑，有时会到网上有意无意地浏览相关信息。很多家长发现孩子上色情网站或者看色情视频后，往往感到焦虑、愤怒，不是斥责一番就是纠结于不知道和孩子怎么谈这样敏感的话题。其实，如果家长故意回避，或者态度尴尬忸怩，容易使孩子产生更多的疑问和好奇，反而增强了其探索的兴趣。少年儿童对性的好奇和需求很正常，家长无须因为紧张而责骂或强行约束孩子，最好的处理方式是把这当成性教育的时机，跟孩子来一场就事论事的对话。坦诚的沟通可以防止孩子因接触色情信息而扭曲对性行为的认知与期待。

案例中的宁宁，出于好奇浏览了色情网站。妈妈发现后告诉了爸爸，但是两人都没能抓住这个机会对宁宁进行正面的性教育引导，而是愤怒与责骂。这是不理智也不明智的行为，宁宁父母应该理性地看待此事并与其沟通，了解为什么会发生这样的行为。现在这样粗暴的处理方式不仅伤害了孩子的自尊，而且很有可能达不到制止的效果，反而造成孩子的逆反，造成更严重的后果。

家教指导

对于孩子看黄色信息，家长往往容易不知所措或者恼羞成怒。面对此类事情，家长到底该怎么做？下面给出几点建议，家长可以从发生前的预防与发生后的应对两个角度来进行处理。

1. 防患于未“燃”

如果电脑经常弹出黄色信息，家长可以在电脑上装一个绿色上网的过滤软件，可以避免孩子被动地接受各种色情信息。当家长发现孩子已经浏览了黄色信息时，一定不要大惊小怪，更要控制负面情绪，理性地与孩子进行沟通，了解孩子为什么会有这样的行为，是出于好奇，是同伴影响，还是已经成瘾。根据实际情况加以教育和引导，千万不要劈头盖脸地一顿责骂，否则容易引起相反的效果。

2. 让孩子通过正确途径了解性知识

当孩子已经开始看黄色信息时，家长就不能再漠视孩子的性发育与性需求了，而是必须对孩子进行性教育。家长可以根据孩子发展阶段的需求和特点，让孩子通过正确的途径了解性知识。例如，给孩子买一些关于性知识的图书，或推荐一些相关的视频给孩子，或是坦诚地和孩子沟通，让孩子感觉到这不是一个难以启齿、龌龊不堪的事情，让他对自己好奇的事情有一个全面的、真实的了解。

3. 多参加体育运动、广泛阅读，转移孩子兴趣

家长还要多与孩子交流，为孩子安排丰富多彩的课外生活和家庭生活，多带孩子出去接触人群，多和身边的小伙伴交流玩耍，引导鼓励孩子参加体育锻炼，学习他们感兴趣的技能，转移他们对性的注意和渴求。

三、拒绝暴力游戏

案 例

小远是一个上二年级的小男孩，很喜欢玩电子游戏。他原本很乖很斯文，但最近脾气变得很暴躁。有一天，妈妈接到学校老师的电话说：“最近小远经常和班上同学发生冲突，今天他竟然用铅笔去扎一个同学，还好那个同学没受伤，你们回家一定要好好教育小远！”妈妈连忙跟老师赔礼道歉。

晚上，小远妈妈和小远爸爸说了这件事，并伤心地自

言自语："小远以前不是这样的啊，到底是怎么了？"爸爸想了想，说："会不会是学了游戏里的打斗方式呢？他最近特别喜欢玩一些战斗型的游戏。"妈妈恍然大悟："一定是了！怪不得他玩平板电脑游戏时经常一边玩一边大喊'冲啊！杀死他们！'"爸爸说："这样下去恐怕孩子的暴力倾向会越来越严重，我们得想想办法才行。"妈妈说："对对！但咱们不能硬来，得好好想想办法。"

解　析

随着电子游戏的发展，游戏的画面越来越逼真，一些游戏为了增加噱头和提高关注度，甚至设置了枪击、爆头、肢解尸体、刺穿眼眶等暴力血腥场面。面对这些逼真的暴力血腥场景，不少家长担心自己的孩子会受此影响出现暴力倾向。其实家长的这些担心并非多余，孩子爱玩暴力游戏易引发心理问题，并可能引发血案。近年来由于孩子沉迷于暴力游戏而引发的暴力悲剧不断上演，尤其是年龄较小的孩子，如果长期沉迷于游戏中，可能分不清现实与游戏，将游戏中的东西向现实生活延伸，甚至模仿暴力游戏伤人。暴力游戏会改变一部分孩子对暴力行为的看法，一种是产生暴力倾向，另一种是长期接受"熏陶"后对血腥暴力的场面麻木不仁。但这种游戏刺激好玩，在一定程度上满足了孩子的心理需求，因而，家长强行禁止，往往效果不好，甚至适得其反，应进行有效的疏导。

案例中的小远就是典型的受暴力游戏影响的孩子。原本斯文的性格变得暴躁，很有可能是暴力游戏对他产生了影响，以至于分不清现实与游戏，才会经常和同学发生肢体冲突。小远的父母对孩子的教育理念还是比较值得鼓励的，他们共同协商、理性分析和对待，积极寻找一个合适的方法来教育和引导孩子远离暴力。

家教指导

面对暴力游戏，很多孩子欲罢不能，家长不能强行粗暴地制止，那该怎么做呢?

1. 向孩子表明对暴力游戏的明确立场及暴力游戏的危害

游戏虽然可以提供娱乐，但是要区别对待各种类型的游戏，尤其是暴力游戏、色情游戏等。家长需要有明确的态度，让孩子知道什么是可以玩的，什么是不被允许的。并且，家长可以适当举例子说明玩这些暴力游戏的危害，让孩子了解并做出判断。

2. 采取有效的监管措施

孩子玩游戏时，家长如果有空要多陪伴在身边。这样就可以看到孩子在玩什么，并注意到他是否在玩暴力游戏。如果孩子沉迷于暴力游戏不能自拔，家长要及时和学校老师沟通，建立家校联动，必要时向专业的机构或专家求助。

3. 了解孩子的需求，寻找跟孩子兴趣相关的游戏

孩子喜欢暴力游戏，多是希望从中获得满足感、成就感和释放压力。家长对于孩子玩的游戏要精挑细选。在让孩子玩游戏之前，自己先要看过评论及介绍。有时间的家长可以自己先玩一下，了解一下游戏是否适合孩子，进而帮孩子选择一些非暴力又具有挑战性的游戏，最好选择跟孩子兴趣相关的游戏。平日注意丰富孩子的课余生活，多带孩子参加户外运动、阅读等。

4. 及时引导，让孩子树立正确的观念

有些孩子喜欢暴力游戏，还会潜移默化地被一些错误的价值观影响。例如，孩子会错误地认为拥有超级能量的才是英雄。这时家长要及时地引导，多给孩子讲一些“和善”“助人”的正面的英雄形象的故事，使孩子树立正确的是非观。

专题六 性教育

受传统观念的影响，家长往往谈性色变，羞于启齿，对孩子萌发的性好奇关注不够，对孩子的性教育严重缺失。孩子性教育的缺失造成了惨痛的结果，近年来关于儿童遭受性侵害的事件越来越多。据《“女童保护”2018年性侵儿童案例统计及儿童防性侵教育调查报告》，2018年全年媒体公开报道的性侵儿童（18周岁以下）案例共317起，涉及受害儿童超750人。需要注意的是，被公开的案例仅为实际发生案例的冰山一角。任何性侵犯，对于孩子都会造成极大的身心伤害，而且这些常常是难以消除的，有的可持续至成年，甚至对受害者的终生健康和生活幸福造成影响。

本专题围绕小学低段儿童身体发育和性教育的重点，选取了了解身体发育、把握性别界限、保护身体隐私和防范性侵害等主题进行讨论，分析了当前家长在性教育观念和方法上存在的误区。在家庭教育指导方面，引导家长树立科学的性观念，学习科学的性教育知识，以自然的态度、正确的知识和孩子交流他们需要知道的性知识，提升孩子面对性侵害时自我保护的意识和能力。

一、了解身体发育

案　例

一天，小玲放学回家，来到厨房，一脸天真地问："妈妈，我的乳房怎么开始变大了？"妈妈先是一愣，问小玲："你问这个干什么？"小玲说："今天上学的时候，小红伸手摸了我一下，问我的乳房那里怎么鼓起来了？我当时很生气。可我仔细观察了一下我们的同学，多数同学还不像我这样。我这样，是正常的吗？"妈妈听了，拉着小玲的手，告诉她："不同的孩子，发育的时间是不一样的，有的发育早，有的发育晚。但都是正常的，不用紧张。”“可是，小红的妈妈可不这么说呀！”孩子一脸困惑。

解 析

孩子天生好奇，对于自己身体的变化，最为敏感，他们很想了解为什么会产生这些变化。但中国家长受传统观念影响，往往谈性色变，羞于启齿，对性启蒙不够重视，对性教育的知识有时候自己都羞于说出口，更何况要对自己的孩子说，于是更多地持回避或排斥的态度。随着孩子身体和心理的成长，他们有越来越多的性方面困惑，但他们难以从正常的渠道获取相关知识，结果导致求知无门，甚至出现一些不合理的想法和做法，使自己受到伤害。

家教指导

家长如何指导孩子了解自己的身体呢？

1. 心态平和地面对

探究自己的身体，这是孩子成长过程中必经的阶段。作为家长，不必惊慌失措，也不用回避问题。孩子能提出问题，正是他们认识自己的开始。我们要告诉孩子，每一个人都会经历这些变化。当孩子提出有关性方面的问题时，家长要用孩子能理解的和能接受的语言及方式进行科学的解答，使孩子的好奇心和求知欲得到满足。

2. 做好发育知识的普及

家长可以准备一些关于身体的图画，与孩子一起认识身体的各个部位（包括内脏器官），让孩子知道它们的名称、功能和作用。在孩子了解了男女的不同以后，家长可以给孩子看性教育的视频或科普绘本，教孩子认识自己的身体。家长不要不好意思，要大胆地说出身体各部位正确的名称。对于性器官，也不要含糊其辞，可以给孩子介绍这些生殖器官的学名和常用称呼。

3. 和孩子一起学习

其实很多家长自己对于性的知识并不完全了解，没有办法教给孩子正确的知识，更不知如何跟孩子交流。因此，家长可以和孩子一起学习，一起阅读性教育方面的图书，一起观看科普片，也可以一起观看孩子从小到大的照片，让他们直观地感受自己身体的变化。通过共同的学习，孩子内心的压力和负担可能会减轻，这样才能让他们健康地成长。

二、把握性别界限

案例

男孩小童上一年级了，性格开朗，和同学相处愉快。一天下课了，小童正和同学玩得起劲，突然同学小玉过来打了小童一下，转身就跑，边跑边回头笑着说“来追我呀！”小童起身就追，眼看就追上了，小玉却跑进了女厕所，小童想也没想，就追了进去。里面正上厕所的同学惊呼起来，纷纷跑去告诉老师。老师对小童进行了教育，告诉他不能去女厕所。

小童觉得很委屈，因为是小玉先找的事，他跑进女厕所是为了追小玉。放学后，老师把这一情况反馈给了小童的妈妈。回家后妈妈问小童为什么跑进女厕所，小童和妈妈说了事情的经过。妈妈看到一脸无辜又很委屈的小童，联想到平时小童上厕所、洗澡从不关门，还总让妈妈帮忙洗澡，洗完澡不穿衣服就在客厅里看电视等事情，妈妈觉得应该和小童谈谈了，但怎么谈能让孩子懂得男女的界限，学会保护自己，又不伤害别人呢?

解 析

像小童这样小男孩跑进女厕所的情形时有发生，当然，也有个别小女孩追赶小男孩跑进男厕所的。孩子对异性交往没有界限，与缺乏性教育有很大的关系。小童跑进女厕所的行为就是因为没有男女界限，不知道如何尊重和保护异性隐私。有的家长觉得孩子还小，没有必要和孩子讲性知识，觉得孩子长大了自然就知道男女有别了。还有的家长受传统思想的影响，羞于讲性。其实，家长要让孩子知道，男女有别，学会尊重并保护女孩子，也是负责任的表现。性教育的核心是学会承担责任，对自己负责，对他人负责，学会关心他人，爱护他人。

家教指导

如果孩子与异性交往没有界限，经常做出一些“出格”的事，作为家长，我们该怎么办呢？

1. 帮助孩子认识性别的差异

让孩子了解男孩女孩除在穿着、外表、兴趣爱好上不一样之外，身体器官也有不同，这是区分男孩女孩的主要标志。家长可以通过身体挂图、绘本等帮助孩子科学认识性别的差异，如《我们的身体》《乳房的故事》《为什么我没有小鸡鸡》等，用温和的画面和柔和的语言告诉孩子两性的差异。

2. 建构男女界限，尊重孩子的隐私

告诉孩子，如果换衣服、去洗手间、洗澡等，要关上门，拉上窗帘；同样，去卫生间、浴室或别人的房间，应该先敲门，没有人或经允许后再进入，如果不敲门，遇有人在里面时会很尴尬。家长要以身作则，进孩子房间要先敲门。妈妈洗澡要避开儿子，爸爸洗澡要避开女儿，儿子洗澡爸爸帮忙，女儿洗澡妈妈帮忙，让孩子知道男女之间的差异，知道做事的界限。一般来说，孩子在5岁以后，家长就应该与孩子分房睡，让孩子有正确的两性认知。否则，孩子对于两性的认知就比较模糊，甚至可能身心发展健康受影响。

3. 学会尊重并保护异性

在性教育中，家长要让孩子知道，不光要保护自己的隐私，还要尊重并保护异性的隐私，不能因自己的一时冲动让对方受到伤害。学会关心他人，爱护他人，承担起对他人的责任，这也是一个人有责任心的表现。例如，家长要教育男孩不应该跑进女厕所，不能随便碰别人的隐私部位，不能拿别人的隐私部位开玩笑，不能传播同学之间的谣言等。让孩子知道男女交往的一般道德规则，必须自尊和自爱，学会保护自己。家长要教育男孩尊重女孩，女孩尊重男孩，也就是说，不管你是男孩还是女孩，都要学会对异性尊重。只有知道了这些，孩子才会正确地处理与异性的关系。

三、保护身体隐私

案 例

小洁是一个二年级的女孩，跟着一位男教练进行体育训练。每次训练结束，教练给她们放松身体。时间长了，教练在放松身体的时候，慢慢地把手伸向了她的胸部、内裤等处。她觉得不舒服，但因为他是教练，内向的她不好意思拒绝。

终于有一天，她和妈妈谈起了这个小秘密。妈妈听后大吃一惊，跟爸爸谈起了此事，爸爸说："别声张了，弄得沸沸扬扬，对咱们女儿也不好。"但是妈妈没有放弃，她找到体育训练机构的领导反映情况，终于使问题得以妥善解决。当看到那个教练受到处罚的时候，妈妈长舒了一口气。

解　析

近几年，猥亵、性侵儿童案件屡有发生，在孩子眼中，世界是美好的，但那些邪恶的、丑陋的、让人意想不到的危险也确实存在。有的人用哄骗或者给孩子东西、钱等方式诱惑孩子，然后猥亵或者性侵儿童。孩子的思想单纯，防范意识差，很容易上当受骗。家长性教育意识不强也给坏人留下了可乘之机。家长总觉得孩子小，对性教育只字不提。还有的家长，根本没意识到性教育的重要性，甚至从来没想过这个问题。一些留守儿童，由爷爷、奶奶或者姥姥、姥爷照看，更没有这方面的意识，这是导致留守儿童遭受性侵害较多的重要原因之一。

案例中小洁的妈妈的行为值得赞赏，有效地保护了女儿。但是，女儿被侵犯也与家长疏于对孩子进行性教育有关，家长要有意识地对孩子进行性教育，提高其自我保护的意识。

家教指导

各种惨痛的教训发人深省，为防患于未然，家长要教会孩子保护自己隐私的知识。

1. 提高孩子自我保护的意识

家长要告诉孩子，背心、内裤覆盖的地方属于隐私部位，这些隐私部位不能随便给人看，也不能随便让人触摸。同时，我们也不要触碰他人的隐私部位。不管是陌生人还是熟人，如果有人要求抱你、抚摸你、亲吻你、触碰你的隐私部位，你都要坚决拒绝。医生检查身体，也要在家长的陪同下进行。这是因为性侵的情况，在熟人身上更容易发生。

2. 教孩子学会拒绝不当的要求

家长要告诉孩子，如果有人脱光衣服让你看，或者让你看裸体的照片或录像，你要拒绝。有人让你脱光衣服，或者让你脱光了衣服给你拍照，你要拒绝。有人让你脱光了衣服跟他视频聊天或者拍自己隐私部位的图片发给他，我们都不要去做。如果有人向孩子问路，可以顺手指指，也可以拒绝或者让他们去问大人，绝对不能带路，不能跟着陌生人走。告诉孩子不要接受陌生人或者网友的东西，不搭陌生人的车。

3. 提升孩子的防范意识

孩子的穿着大方得体即可，不可穿得太暴露，否则很容易成为坏人的目标。另外，孩子出门，要征得家长的同意，并做到结伴而行，不去偏僻的地方。睡觉前关好门窗。独自在家时，不给陌生人开门。

4. 引导孩子及时告诉家长异常的情况

家长要告诉孩子，如果有人做了让孩子感觉不舒服的举动，孩子要拒绝，并及时告诉家长。家长要及时防范并远离那些人。家长要用心倾听孩子，不要忽视点滴的信息。另外有人做了坏事，他们会用哄骗或者威胁的方式不让孩子说出来。家长要告诉孩子，不管发生什么事，父母永远是孩子最信任的人，一定要及时地把情况告诉家长，家长会帮助他解决。

四、防范性侵害

案例

小方刚上一年级，喜欢和邻居家的姐姐一起玩。妈妈挺高兴，因为这个姐姐的学习成绩不错，会主动帮助小方学习。一天，小方回来闷闷不乐，在妈妈的一再追问下，她才说她和姐姐正在看视频，邻居家上高中的哥哥周末回来了，也跟着一起看。后来，哥哥离她很近，突然抚摸了一下她的胸前，她不知道该怎么拒绝，但觉得很不舒服，就跑回家了……

妈妈大吃一惊，忙问他们看的是什么视频，小方也说不清楚，只说有一些大人光着身子抱在一起……小方疑惑地问妈妈：“那些大人到底在做什么呀？是在打架吗？哥哥为什么要离我那么近……”妈妈又生气又自责。她很自责没有保护好孩子，让她这么小就看到了黄色东西，而且差点儿被邻居哥哥欺负。她很想质问邻居，但又觉得没有证据，而且这样的敏感话题不知道该怎么开口；她很想回答女儿，但又不知该如何讲起。

解析

“性侵”是一个沉重的话题，每年都会有不少刺痛家长心的新闻。性侵，包括非身体接触的性侵犯和身体接触性侵犯。身体接触性侵犯很容易理解，非身体接触性侵犯，包括侵犯者向少年儿童暴露自己的生殖器、在少年儿童面前手淫及对少年儿童进行性挑逗等。案例中的邻居哥哥就属于身体接触的性侵犯。监护人缺乏防范意识，儿童自我保护能力弱，他们才成了性侵害的对象。在本案例中，小方妈妈在面对小方遭遇性侵害时手足无措，也反映了当前家长极度缺乏性教育意识和知识的现状。

家教指导

家长应该如何给孩子上好“性教育”这一课呢？

1. 家长要有防范意识，时时和孩子沟通

家长尽量不单独留孩子一个人在家里；不把孩子托付给自己不了解的人照看；不随便安排留宿的人和孩子同床而睡。同时，和孩子建立良好的亲子关系，做孩子的良师益友。无论多忙，每天至少拿出10分钟和孩子交流。让孩子知道遇到哪些问题必须及时告诉父母，而且要保证，孩子可以自然轻松地告诉父母，并且告诉父母后得到的是保护而不是评判谩骂，等等；正确自然地满足孩子关于性问题的提问，并且按照科学的方法，按照孩子生理发展阶段不同，明确地说给孩子听。

2. 与孩子共建“照顾者”名单和“爱心圈”名单

我们可以跟孩子一起列一张“照顾者”名单，例如爸爸妈妈、爷爷奶奶、姥姥姥爷等，他们在特殊情况下，可以比较近距离地照顾自己，不过，即使是“照顾者”名单里的人也是只能在必须帮孩子洗澡或者隐私部位受伤等特殊情况下才能触碰自己的隐私部位。如果孩子不太愿意把某人的名字写上，我们一定要引起重视，并找出原因。另外，建议每隔一段时间跟孩子一起重新更新并确定下名单。另外，我们还可以跟孩子一起列一个“爱心圈”名单，名单上是孩子喜爱并信任的人，是可以拥抱、亲亲的。

3. 让孩子学会勇敢地说“不”

家长要明确地告诉孩子：“隐私部位，任何人都不能随意看，随便摸。如果有人摸了，一定要第一时间告诉爸爸妈妈。自己也不可以随便看和摸他人的身体隐私。”“如果有人摸你并让你保守秘密，一定要告诉爸爸妈妈。”尽量让孩子知道触摸和侵害之间的区别，告诉孩子：如果感觉怪怪的或者不好时，要大胆地说“不”，并马上离开，如果无法离开，可以用喊叫来引起其他人的注意，以获得解脱。另外，现在社会上不乏性变态者的恋童癖，男孩也应树立起“自我保护意识”，家长也应有这样的警惕意识。

专题七 家庭沟通

小学低段是孩子学习生涯的起点，孩子结束了以游戏为主的幼儿园阶段，迈进了小学的门槛，这是人生前进的一大步。这个阶段的孩子要适应新的学习任务和作息习惯，往往存在做事拖拉、抗拒上学等问题，但同时随着年龄的增长，这个阶段的孩子已经有一定的学习与认知能力，可以处理好相关的事情，因此，家庭和学校需要积极配合、共同努力，协助孩子适应以学习为主的生活，建立良好的生活与学习习惯，掌握新阶段必会的知识和技能，为成长为合格的社会公民做准备。

本专题围绕在小学低段家庭沟通与学校沟通方面的重点，选取了从养育到教养、做好隔代教育、从牵手到放手、善用学校教育资源及家校共育促进发展等主题，通过案例分析的方式，让家长了解此阶段家庭教育中需要注意的重点以及如何与学校做好协调配合。在家长指导方面，本专题强调家长的角色要从“养育者”逐渐向“教养者”转换，隔代教养的家庭中要统一教育思想，对孩子要给予信任和机会，学会放手，要让孩子学会识别、利用学校的各类资源，家长需要与学校做好配合，共同促进孩子的健康全面发展。

一、从养育到教养

案 例

一位妈妈的孩子刚上小学。一直以来，这位妈妈都认为，养孩子最主要的责任就是照顾好他的生活起居，因自身文化程度不高，更加认为教育就是教师和学校的事，与家长没关系。在一次家长会上，她第一次听到老师说家庭教育以及家校共育的重要性，很受触动。于是回家后她开始通过各种方式了解和学习有关家庭教育的知识：她在网上查看相关的视频和文章，参加县妇联组织的家庭教育讲座，还和其他家长交流心得。渐渐地，她对家庭教育的认识上了一个台阶。现在，这位妈妈每天从地里干活回来，再苦再累也要坚持和孩子聊聊天，了解他每天在学校的情况与心情，当孩子遇到困惑时，她会讲讲自己的生活经验。慢慢地，她发现孩子和她越来越亲密并且信任她了。她也深刻地认识到，家长的责任不只是养育，而应该是综合地教养。

解 析

对于0—3岁的孩子，父母主要扮演养育者的角色，照顾好孩子的基本生活，保障他们的身体健康，这是毋庸置疑的。而随着孩子年龄的增长，他们开始从家庭进入幼儿园再到学校，这就要开始养成良好的生活习惯，开展学习活动，并学习一些接人待物、与人相处的社会规则。父母的角色也要逐渐从一位“养育者”转向“教养者”了。这与孩子成长的需求也是相关的。

根据马斯洛需求层次理论，人类的需求像阶梯一样从低到高按层次分为五种，分别是生理的需求、安全的需求、情感与归属的需求、尊重的需求、自我实现的需求。马斯洛认为，人的需求有一个从低级向高级发展的过程，人在每一个时期，都有一种需求占主导地位，而其他需求处于从属地位。

孩子的成长是连续、动态发展的过程。在这个过程中，父母依据孩子不同成长阶段的需求施以适当的教育，满足其成长需求，并促进更高层次需求的产生。父母也在养育孩子的过程中转换角色，从主要满足生理、安全的低级别需求的养育者，渐渐变身为满足情感与归属的需求、尊重的需求的教养者，最后成为助力孩子实现自我价值的陪伴者。陪伴孩子成长的过程也是家长自身成长的过程。

案例中的这位家长对养孩子的态度发生了一个很大的转变，从对教育的事情漠不关心到主动学习、积极与孩子沟通，这种转变一方面增进了亲子关系的牢固，另一方面也更有利于孩子更好地全面发展，同时对家长自身的成长也大有裨益。家长的自我学习很好地配合了孩子需求的发展，为孩子在小学阶段的成长提供了助力，也让孩子习得了学习型的成长方式，这样也就让家长避免了成为孩子问题的“消防员”“铲屎官”的尴尬。

家教指导

面对孩子的成长，家长需要从一个“养育者”转变为“教养者”。

1. 家长是一份需要终身学习的“职业”

从孩子出生的那一刻起，父母就成了孩子的第一任老师。家庭是课堂，父母的言传身教就是学习的内容。但父母不仅是第一任老师，更是孩子的终身老师。在生活中，我们经常看到很多家长在孩子很小的时候就会给他报许多早教班学习各种知识，而他们自己的学习和成长却远远滞后于孩子，这让家长在陪伴孩子成长的路上越落越远，最后不得不将教育和陪伴的主动权交给了学校和辅导班，而自己则退居二线，停留在生活照顾的层面。这是非常不对的。我国台湾学者张春兴指出：心理健康问题，根源在家庭，形成在社会，表现在学校。所以，教育的根在家庭而非其他，家长要有学习的意识，既要提高自身的修养和为人父母的责任感，又要了解孩子，知道他们的生长发育特点，了解他们现在喜欢什么和关注什么，还要配合学校的工作和要求。这样才能更好地引导并促进孩子的健康成长。

2. 家长要以身作则、树立榜样

家长的言谈举止、气度修养都对孩子成长有着深远的影响，家长是孩子的一面镜子，家长的言传身教里藏着孩子的未来。如果家长本身积习难改，言而无信，那他无论怎样地教育孩子也得不到孩子的信服和尊重。所以家长应该规范自己的言行，日常生活中以身作则，做到言而有信，要求孩子做的事情自己首先要做到，树立榜样，这样才能逐渐通过言传身教的方式，达到教养的目的。

3. 将教养行为渗透到日常生活中

不同于学校教育，家庭教育本就是细水长流、润物细无声的。因而，家长如果想对孩子进行教导，一定要注意方式方法，不能像教师在课堂上课一样，如同讲解知识点一般讲解人生的道理。如杜威所说：教育即生活。家庭教育应该是一个自然的过程，家长通过与孩子平日的交流、陪伴，把家庭教育渗透到日常生活中的方方面面。

二、做好隔代教育

案 例

贝贝和姥姥、姥爷、爸爸、妈妈一起生活。姥姥姥爷都知书达理，爸爸妈妈也很孝顺，三代人生活在一起，其乐融融。可从贝贝上幼儿园开始，幸福的味道渐渐地变了。姥姥听说孩子在幼儿园想吃肉总不够吃，就跟贝贝说："咱回家多吃，姥姥给做。"听见孩子早上去幼儿园哭得撕心裂肺，就找各种借口让贝贝在家休息。有一次，贝贝在和邻居家小朋友玩时不小心被撞倒了，姥姥就说再也不和他们玩了。爸爸妈妈觉得贝贝太娇气了，老人听了却斥责女儿女婿。上小学后，贝贝不爱和小朋友玩，任何人不能碰他的东西，否则贝贝就会出手打人。现在，贝贝没有自己的朋友，不能很好地适应班级集体生活。这到底该怎么办呢？

解　析

对于一个家庭来说，祖父母或外祖父母适当地参与教育孩子的过程、辅助家庭教育是有益的，但如果承担主导责任往往会产生很多现实问题，例如，教育主责不清、理念不同及祖辈容易过度保护等。案例中姥姥过度保护贝贝，生怕孩子受了半点委屈，反倒制约了贝贝的情感和社交能力发展。同时，姥姥的这些行为也强化了贝贝的退缩行为，让贝贝对外面的世界产生恐惧，变得过度敏感，难以适应学校的生活。

其实生活中很多老人有着丰富的育儿经验，他们对孙辈们爱而不溺。他们温和的教养态度、包容的教养方式、补位不占位的角色意识弥合了两代人教养方式的差异，为孩子的成才提供了温暖的环境。同时，三代人的家庭，成员更多，生活更加复杂，家长正确引导的话，孩子对人的洞察力、人际关系的理解力会更高，也更擅长与人合作。中国民间有句古话："家有一老，是为至宝。"有研究表明，以父母为主、祖辈适当参与的养育模式最有利于孩子的健康成长。

家教指导

在忙碌的现代社会中和巨大的现实压力下，祖父母或外祖父母能帮衬育儿对父母来说是件很幸福的事情。作为父母该如何处理祖辈参与育儿中存在的问题，使其变成更好的助力而非阻力呢？

1. 要统一思想，明确教育主体，协调教育立场

对于祖辈参与育儿的家庭，需要明确祖辈不是家庭教育的主体，只是参与家庭教育，主要的教育责任仍应由孩子的父母担当。对于两代人之间存在的价值观、教育观念和教育方式的差异，作为育儿第一责任人的父母要多与老人进行沟通，争取达成共识。遇到问题与分歧时，避免正面冲突，尤其在孩子面前，不宜指责老人。家庭成员之间要求同存异，相互补台，形成家庭教育合力。同时父母也要多与孩子相处，多付出，建立与孩子的深厚感情，主导

孩子的教育。

2. 不要过度保护，要相信孩子自有成长的潜能

我们在生活中，发现孩子会用不同的方式与父母、祖辈、亲戚、邻居、朋友、老师等建立各种关系，他们自有成长的智慧。在自然的环境中，积极地引导孩子，会让他们的勇气、信心和智慧的潜能得到激发，而家长的过度保护，会让孩子过分看重自己而忽略他人，从而与别人的冲突频发。我们相信每一个孩子都是独立的个体，他会主动地去发展与他人相处的人际关系。要让孩子勇敢地走出家门，积极地进行社会化成长，适应家庭之外的学校生活，学会交朋友，学会接人待物，学会礼仪和服务他人。

3. 要弥合教育方式的差异，减少家校“温差”，让孩子喜欢上学

家长对于在祖辈老人身边长大的孩子要给予更多的鼓励，创造机会多让孩子与同龄伙伴交往，家长也要多与教师沟通，使家庭教育与学校教育保持相对一致，减小家校“温差”，让孩子爱上学校的生活。

三、从牵手到放手

案 例

爸爸妈妈离婚后，小雅和妈妈单独生活。爸爸妈妈关系处理得比较理性，他们会在小雅生日等重要时刻，一起带她出去玩。平日里，小雅也经常会和爸爸一起度周末。避免了争吵、抱怨、纠纷的这个家庭更有利于孩子的成长。每次学校放假，小雅就会自己收拾好行李箱，去参加各种冬/夏令营与实践活动。小雅妈妈说："虽然也有很多担心，也犹豫过，但是孩子早晚要独自步入社会，就不要把她压在翅膀底下，要锻炼并相信孩子的能力。"孩子每次出行都会有新的体验，结交新的朋友。小雅回来后，妈妈还会和孩子一起总结出行的收获和教训，小雅也会和爸爸分享她的见闻。这为亲子之间增加了很多沟通的话题，增进了彼此的亲密互动关系。

解 析

很多家长怕孩子受挫、受伤、受委屈，不敢放手，总要代替与包办。其实父母是孩子最亲密的"外援"，智慧的家长会把孩子带出家门，放在更广阔的世界中与小伙伴们经历各种困难的磨炼，共同成长。只有家长放手让孩子去尝试对错，才能提升他们的独立性、适应的能力、独立思考和解决问题的能力，才能使他们更有勇气奔向未来世界，去打拼，去奋斗。

在本案例中，小雅的妈妈鼓励孩子更多地去参加社会活动，锻炼她的独立生活能力和社会交往能力。而且，小雅的妈妈还能够理性地处理好离婚后的家庭关系，真诚地告诉小雅家庭发生的变故，同时也做到了父母分开但对孩子的爱不会离开。这让孩子在适应家庭解体的过程中，减轻了恐慌和不安，对小雅的成长起到了一定的积极作用。

家教指导

对于孩子的发展，父母该什么时候“牵手”，什么时候“放手”，父母之间又该如何协商呢？

1. 父母合作，助力成长

父母保持一致的教育观念和教育态度有助于孩子安全感和自我同一性的建立。父母双方都是孩子成长的重要陪伴者。虽然性别不同，观点有时候有差异，但如果能以一致的态度对待孩子，就避免了孩子在父母之间“穿梭”，能够大大地提高他们的安全感。父母的相互支持，创建了一个和谐健康的家庭氛围，更有利于培养孩子的自信。

2. 创造机会，逐渐放手

生活中有很多孩子成长的机会，从衣食住行的自我打理到人生方向的自我决定，从待人接物的独立面对到社会生活中的独当一面，从家庭琐碎事务的处理到社会公共事务的建言献策……孩子获得的生活锻炼越多，独立性就越强。但注意不要一股脑儿地把困难堆砌在孩子面前，而要把生活当作“练武场”，随时随地指导他们、训练他们，当他们掌握一项技能后就放手，而且还要容许孩子犯错，试错也是很好的危机训练。

3. 顺应孩子的天性，让他们成为自己想要成为的样子

我们发现，现在很多家庭不是不管孩子，而是管得太多。孩子的成长自有其节奏和规律，无论家长的愿望如何，他们总是按规律去发展。他们自有的节奏，对他们来说，可能就是刚好符合他们的能力水平和需要。家长千万不要在孩子正在努力思考可以用什么样的方式和速度前进时，在背后给一个外推力，孩子可能会乱了节奏，摔了跟头。

4. 从牵手到放手，需要一种情怀和坚定

孩子在开始学习走路的时候，紧紧地抓住父母的手不

肯放开；而当孩子长大学会了奔跑时，家长却紧紧地抓住孩子的手不敢放开。在孩子成长的过程中，家长需要认识到孩子是渴望独立与自由的，孩子的成长也注定要慢慢地离开父母的庇护。所以，家长要把信任给孩子，把机会给孩子，还要把未来给孩子。家长要适时地收起对孩子的宠溺、担忧和控制，有意识地培养孩子独立行走和飞翔的能力。

四、善用学校教育资源

案 例

壮壮读二年级，个子高，胖乎乎的，他的缺点是比较懒，而且贪吃，这让妈妈很操心。因壮壮懒得参加学校集体活动，多次被老师请家长；上课吃零食，多次被老师批评；早晨懒惰不起床还发脾气。这些都让爸爸妈妈很生气……正当爸爸妈妈一筹莫展的时候，他们从老师那里打听到学校正在组建足球队的消息。爸爸妈妈认为这是一个绝佳的锻炼机会，就鼓励壮壮去报名。壮壮开始有些想打退堂鼓，可是抵不过爸爸妈妈的坚持。没想到，在和高年级同学一起训练的过程中，壮壮越来越觉得有劲头儿，一群男孩子在一起训练和比赛都特别团结、特别拼。他上学更积极了，身体也瘦下来了不少，变得结实了。比赛取得了不错的成绩，老师和同学都对他赞赏有加，他的自理能力也有了很大的提高。爸爸妈妈欣慰地笑了，壮壮也变得自信多了。

解 析

孩子每天生活学习的校园中有各种各样丰富的资源。学校不仅是老师教授学科知识的地方，更是培养孩子思想品德、生活习惯、健康人格、社会交往等能力的重要场所。学校中的资源既包含学科课程、兴趣培养、综合实践等各类课程资源，也包括图书馆、实验室、运动场等教育场地资源，以及社团活动、节日活动、春秋游及夏令营等教育活动资源。如何针对自己孩子的情况和特点利用好这些资源，家长应用心思考，并与学校、老师及孩子本人进行充分的沟通。

案例中，壮壮父母在养育孩子的过程中遇到了困难，没有一味地责备孩子，而是积极地想办法，通过与学校之间的沟通，发掘了学校资源，利用足球队的训练不仅培养了孩子的兴趣爱好，而且还成功地将孩子懒散、贪吃、不上进的毛病去除掉了，还缓解了亲子之间的冲突。壮壮父母始终没有放弃孩子，他们选择了努力给孩子寻找改变的机会，鼓励和支持孩子在足球训练中锻炼自己，一步一步地帮助孩子自主成长。当孩子取得比赛成绩后，壮壮父母积极地肯定孩子，用兴趣带动孩子的成长。

家教指导

既然学校拥有如此之多的资源，那么家长和孩子应该如何利用好这些资源呢？以下三点建议供家长参考。

1. 多与老师沟通，了解孩子的情况与学校的资源

作为家长，一定要和老师勤沟通，千万不能有“孩子交给老师，自己一身轻”的思想。与老师沟通，了解孩子在学校的情况、有哪些优点及存在哪些问题，听取老师的意见和建议。同时，家长要了解学校都有哪些可以帮助孩子成长的资源。结合孩子的实际情况，与孩子协商选择，做到家校协同配合教育。

2. 引导孩子自主寻找资源、辨别资源、合理利用资源

校园是孩子成长的重要场所，这里有课堂资源、活动资源、场地资源、人际资源等丰富的教育资源。这些资源一般都比较安全可靠。家长要培养孩子的资源意识，带领

孩子深入地了解自己，然后根据自己的能力特点、兴趣爱好来选择合适的资源。家长要培养孩子突破课堂和学科的框架、保持高度的求知欲、勤学善思、拓展资源的能力，鼓励孩子积极学习不设限。值得注意的是，在孩子未来的成长道路上，他们会遇到各种资源，当然也有诱惑藏于其中，他们必须学会客观地看待自己所拥有的资源，以审慎的态度去辨识、选择，规划自己的发展之路。

3. 平等沟通，尊重孩子意愿

无论是学习、活动还是兴趣培养，家长应该做的都是帮助和协助孩子，提供建议和参考，最终的决定应由孩子自己做。在孩子年龄较小时，家长可以和孩子协商来定，家长一定不能独断专行，尤其是强迫孩子去做他不喜欢的事情或者能力难及的事情。教育应该顺应孩子的天性，遵循他的年龄发展特点，以适当的支持与帮助使他们成为最好的自己。

五、家校共育　促进发展

案 例

小佳收到了小学的录取通知书，全家兴奋地打开，发现录取通知书中还夹了一张粉色的A4纸，那是未曾谋面的班主任写给家长和孩子的一封信。“欢迎你成为我们班级中的一员。假期是我们一年级的开始，请家长帮助孩子建立良好的生活习惯和学习习惯，规律作息，迎接美好的小学生活。……”信中对开学后孩子的学习任务、行为习惯，以及文具、穿着等的准备都作了明确的要求和建议。比如，“在家里和学校，要孝顺父母长辈，尊敬师长。”“小学生除了学习书本知识，还要做卫生值日、校园值周等。”“建议所有学具都是简易的、环保的。”……虽然信不长，但对于小佳家庭的指导意义却很大。妈妈认识到不仅自己要督促和帮助孩子建立良好的行为习惯，而且应全力配合学校和老师。

解 析

案例中小佳的一年级班主任是智慧的，她通过一封温馨的书信提醒家长要关注和培养孩子进入小学后的习惯养成。这让小佳的父母未雨绸缪，找好支点，争取到了一个假期的时间协助孩子去适应，父母自己也有充裕的时间去调整家庭生活的方式。这里提到的习惯养成就是自我管理能力的一部分，未来在小佳长大后，这种能力会迁移到她的工作中，帮助她成为一名高素质的从业者。

在人的诸多能力里，自我管理的能力是伴随一个人终身成长的，在关键时刻还可以帮助一个人获得学业和事业的成功。然而自我管理的能力也是最难培养的，需要经过漫长的培养周期和发展周期才能培养好。在小学起始阶段，孩子的自我管理能力较弱，家长要与学校积极配合，重点引导和规范孩子生活起居和学习玩耍的作息规律与习惯养成。

此外，对于刚上一年级的小学生，班主任老师强调劳动教育和为班级服务，这一点非常重要。国家大力提倡让孩子从小进行劳动教育，这本身就是知识落地和能力培养。未来国家的发展需要更多有能力、有担当的公民。从小培养孩子服务他人的意识、社会公德心和奉献精神，教导孩子做一个有利于国家发展的人，有利于社会进步的人，这会让孩子更有归属感、成就感和自我认同感。

家教指导

在幼儿园升入小学的过渡阶段，生活和学习习惯的养成是一个重难点问题。家长应该把握哪几项原则与方法呢？以下三点建议供参考。

1. 重视对孩子的家庭教育，从小培养良好习惯

张若谷教授说过，每一个合格公民都是从一个个具体的家庭中走出来的，成人是长大的孩子，孩子是还没有长大的成人；没有成熟的家长就没有成熟的公民社会。很多家长选择重学校教育，轻家庭教育；重孩子学习，轻家长自身成长；重学习成绩，轻学习习惯，这是个大大的误区。真正有效的教育是从家长的成长开始的，是从培养孩子良好生活习惯和学习习惯开始的。孩子越大越有自己的想法，家长要未雨绸缪，从小抓习惯，比如，学习用品的收纳、衣物发型的标准、做事的态度、时间的安排等，这些都是习惯养成的重要方面。当孩子的成长进入良性发展的轨道，成人成才就是必然。

2. 保持定期家校沟通，及时了解孩子在学校的进步和变化

现在有一个5+2=0现象，这是说，老师在学校辛辛苦苦地教育孩子五天的成果，周末两天孩子回到家一放纵，

就消磨殆尽。对孩子的教育应是持续的、互相补充的。因此，家校保持及时的、通畅的沟通是避免出现5+2=0现象的法门。家长可以通过拜访老师、打电话、发短信、发微信等各种方式，了解孩子在学校的进步和变化，积极协同学校教育进行有效的家庭教育。尤其在小学起始阶段，每天5分钟的约谈效果大大好于一月一次的拜访。这是因为，很多成长性问题是即时的，每天和老师沟通，回家及时做孩子的工作，解决好小问题就不会积累大问题。

3. 无论是学校教育还是家庭教育，都需要爱与规则

一位好老师一定不是只会教书的老师，一位优秀的班主任也一定不只是规则和成绩的班级管理者，一位好家长，更不能是唠叨的、极端的监护人。当生命相逢，教会孩子心中有爱，“顺境的时候善待他人，逆境的时候善待自己”，这样孩子的内心永远不会枯竭。在生活琐事面前，教会孩子有序有节，提前制订好规则，耐心地陪伴孩子帮助他养成良好的学习生活习惯。

专题八
父母成长

结束幼儿园生活开始了小学阶段的学习，对每一个孩子都是一个小小的考验，对父母也提出了新的要求。父母不能仅心怀期待，盼望自己的孩子从此成为品德好、学习好、习惯好的好学生，而要尽快去了解这一时期孩子身心发展的特点，跟上他们成长的步伐。当孩子的表现不能如我们所愿时，不要以为孩子天生就要和我们作对，而要看看孩子身心发展状况与学校要求之间是否存在差距。根据孩子在学校学习的特点，家长需要学习一些新的方法，激励孩子，给他们合理的引导。我们还需要不断地提升自我认知，管理好自己的情绪，努力成为孩子的榜样。在小学低段，孩子会进入“儿童叛逆期”。这个阶段的孩子有了一些自己的想法，并想按照自己的想法行事，不希望大人干涉，他们往往一方面表现得任性不讲道理，喜欢和父母对着干，另一方面又十分依赖父母，爱哭、娇气。作为父母，此时我们需要俯下身来，充分理解孩子的困难，找到问题的原因，耐心和孩子交流，帮助孩子不断进步。这个阶段父母的一言一行，对孩子的影响也尤其深远，父母的做法，会在孩子心里留下深刻的印象，并进而影响他一生的行为模式。

本专题围绕儿童在小学低段特点，选取了俯身倾听孩子、建立合理期待、避免过度控制及学会情绪管理四个主题进行讨论和分析，探讨该阶段家长应当关注的自我提升的重点，引导家长学会控制自己的情绪，尊重孩子的独立性，对孩子进行合理的支持和帮助，避免过度干预和控制。

一、俯身倾听孩子

案例

涛涛是个活泼聪明的孩子，刚上一年级。入学前，妈妈也进行了幼小衔接的许多准备，让孩子对上学充满了期待。刚开学的几天，涛涛每天晚上都会提前上好闹钟，把第二天上学要穿的衣服准备好，早晨闹钟一响，涛涛就一骨碌爬起来，麻利地吃完早饭，背着书包高高兴兴地上学去了。但是过了没多久，妈妈就发现，涛涛每天早晨起床变得越来越困难。闹钟响了好半天，他还是一动不动。妈妈过去把他叫醒以后，他还要在床上再赖一会儿。涛涛不光起床慢，连刷牙洗漱吃早餐也都慢吞吞的。为了让涛涛上学不迟到，心急如焚的妈妈早晨都要三遍五遍地催。有一天，妈妈在班级群里收到了老师的通知，点名几个早晨总是迟到的学生，其中就有涛涛。这让涛涛妈妈觉得很丢人。妈妈终于忍不住对着涛涛大发雷霆。涛涛被怒吼的妈妈吓坏了，委屈地哭了。

解　析

上面这个案例中的情形，在一年级的孩子中非常普遍。不管是在早晨起床时还是在晚上写作业时，一面是心急火燎的父母的催促，另一面却是孩子的不情不愿不配合。一根小小的导火索就能引爆一场激烈的亲子冲突。孩子的慢吞吞只是一种表象，慢的背后是有原因的：一方面刚刚步入小学的孩子面对日常作息时间的变化有不适应，再加上学校的学习压力及社交压力使得一些孩子对上学产生了畏难情绪，因此加重了早起困难的情况：另一方面，父母的催促和怒火是因为对刚上小学、正处于调整适应阶段的孩子缺乏必要的理解，因此也就没办法跟孩子进行真正有效的沟通。当父母一味按自己的期待行事，亲子冲突在所难免。

从幼儿园到小学是孩子成长过程中一个飞跃式的转变。这个转变对孩子提出了诸多新挑战，也让他们产生了一定的心理压力。我们要俯下身来，去发现孩子的困难和需求，而不只是单方面希望孩子能快快“步入正轨”，总认为我们的期待都是合理的，是孩子有错。我们要放下自己的要求，去听一听孩子的想法，积极地回应孩子的感受。

家教指导

孩子入学后，父母常常会有这样的感受：“为什么这么点事情要反复说，可孩子还是做不到？真的有这么难吗？”面对这样的情况，作为父母，我们应该怎么做呢？

1. 找出事情背后的原因

孩子不按我们的要求去做，父母要分析现象背后的原因。比如，父母可以问一问孩子，早晨不愿意起床到底是没有睡够呢，还是不喜欢上学？如果是不喜欢上学，又有哪些更具体的原因？是学校没有要好的伙伴，还是学习压力大、有困难？总之，父母要在充分与孩子进行沟通交流的基础上，找到孩子心里的“拦路虎”，有针对性地去解决问题。

2. 理解自家孩子的特质和独特的成长节奏

每个孩子都是独一无二的个体，父母既要看到孩子成长的一般规律，也要尊重自己家孩子个性发展的需求，在此基础上对孩子进行教育与引导。比如，有的孩子是慢性子，做事情总是比别人慢一些，作为家长不要每次都指责和催促，换一个角度去看，也许你的孩子做事认真，所以完成的效果比别人都好。家长要善于发掘和鼓励自己孩子可贵的地方，然后适当地引导他在不足方面去改进。

3. 尽量了解孩子在这一时期对事物的认知能力和理解能力

面对上小学的孩子，父母往往一方面觉得他们还很幼稚，另一方面又高估孩子的认知水平，认为有一些事情已经是不言自明，似乎孩子也应该理解。比如时间观念，我们认为上了学的孩子就应该懂得它的重要性，但刚入学孩子的时间观念是很弱的，对“还有十分钟就迟到了”的理解可能是模糊的，类似的还包括各种良好习惯的建立、安全意识的培养等。这些都是需要家长运用各种方法以及自身的表率作用，在生活中从一点一滴抓起，逐步帮助孩子去建立。

二、建立合理期待

案 例

放学后，爸爸发现朵朵一路上都闷闷不乐，爸爸问朵朵是怎么回事，一开始朵朵不回答，后来告诉了爸爸事情的原委。原来，前一阵子学校举办才艺大赛，朵朵和班里的好几个同学都参加了，但是公布的获奖名单里没有朵朵。“没得奖就没得奖吧，下次加把劲儿。”爸爸安慰朵朵。不料，听了爸爸的话，朵朵更难过了，哇的一声哭了起来，边哭边委屈地说：“为什么别的同学都能得奖，偏偏就我没有？妈妈肯定又该失望了。”

爸爸听了这话，心里很不是滋味。朵朵妈妈平时很看重朵朵的学习成绩和她在才艺学习中的表现：孩子成绩好、得了奖时，妈妈都会很高兴；而考试成绩不好或才艺学习表现不好时，妈妈就会很失望。爸爸认为，朵朵的各方面其实都挺优秀的，就是心理承受能力有点儿差。但是，怎样才能培养朵朵的抗挫能力呢？朵朵爸爸一时找不到头绪。

解 析

孩子的竞争意识很强，往往与父母的教育观念有很大的关系。在育儿过程中，如果父母表现得很功利，总是要求孩子受人欣赏，被人赞扬，孩子就会形成一种比较心理。这样的孩子其实比一般孩子更脆弱，如果哪一天在竞争中得不到赞赏，可能就会放弃或逃避。在我们身边，持有这种教育观念的父母不在少数，他们对孩子的高期待和严要求，表面上来看都是为孩子好，实质上是把他们在社会生活中的竞争压力转嫁到了孩子身上，希望孩子的成功能为他们带来价值感。这种教育观念最大的弊病，是父母把孩子看作实现自己人生期待的工具，而没有把孩子当作有自己意愿的独立生命个体。孩子取得好成绩，父母便眉开眼笑；孩子某次取得的成绩不好，父母就脸色难看。在这种模式中，孩子的努力不是出于自己的发展需求，而是为了取悦父母。在小学阶段，孩子的自我意识仍非常稚嫩，久而久之，这种教育模式就会内化成孩子过于注重外在评价的心理结构，对孩子的人格发展产生不利的影响。

显然，案例中的朵朵就是这种过于看重竞争结果、既优秀又脆弱的孩子。当在竞争中获胜、受人瞩目的时，她能够进行自我肯定；而一旦失败，就会陷入自我怀疑，感到非常失落。哪怕是再小的比赛失利，她看见的也永远是自己的失败，而难以在过程中有什么快乐体验，也不能肯定自己在过程中所得到的锻炼和成长。父母是孩子最重要的成长环境，父母的教养观念会直观地呈现在孩子身上，成为塑造孩子人格的力量。过于看重竞争结果的孩子，背后一定站着更加看重竞争结果的父母。

家教指导

从孩子一生的幸福考虑，孩子拥有优秀的品格，远比拥有优秀的成绩更重要。当我们期待孩子拥有优秀品格的时，也需要自省，看看自己是否为孩子品格的塑造提供了肥沃的土壤。

1. 重视关注本身的力量，减少对孩子的评价

家长在教育中要注意关注孩子具体的行为，最好不评判、不评价。家长要注意，不要只称赞孩子完成的事情和只关注做得好的事情，这会让孩子形成“努力不重要，只有成就才重要”的错误观念；不要试图通过和别人家的孩

子比较来激励自己的孩子，这会促进冲突和竞争，让孩子看不到自己。父母要积极地回应孩子的感受，与孩子一起分析成功或失败的原因，充分地表达信任，鼓励孩子继续努力和尝试。

2. 父母不要把子女看作自己的“私有财产”

家长要充分地意识到孩子是独立的生命个体，作为父母，我们的主要使命是帮助孩子去发掘自己的潜能。在具体的教育中，父母既要能为孩子提供必要的支持，也要学会适时地放手，允许孩子失败或犯错。

3. 父母要以身作则，在家庭中树立注重品格的家庭文化

当前社会中普遍存在的成功学说让很多父母相信，孩子只有足够成功或优秀，才可能获得幸福。为了孩子将来的“幸福”，许多父母不停地鞭策孩子成为更“优秀”的人以适应社会的竞争。换言之，一些孩子的优秀是被“逼出来”的。在这种优秀的外壳下，藏着的其实是一颗不堪一击的脆弱心灵。许多孩子考入大学后产生抑郁、迷茫，患上“空心病”，正是这种成功学说泛滥导致的。

同时，很多父母自身也是成功学说的受害者。天价学区房、各种高价培训班给父母带来的不仅有经济上的压

力，还有沉重的心理压力。所以父母自身也要从成功学说中跳脱出来。当父母能够不那么看重所谓的“成绩”或“结果”的价值，而更注重品格对人生的意义时，你的孩子也会发生变化。西方谚语说：“苹果不会落在离树太远的地方。”孩子的成长离不开父母的影响，如果我们想让孩子拥有优秀的品格，那么我们自己就需要营造培养优秀品格的环境，帮孩子从父母这个最重要的成长环境中养成优秀品格。

三、避免过度控制

案 例

妈妈下班回家，一进家门，毛毛就跑到门口兴奋地说：“妈妈，你快来看，我用乐高组装了一台超级战车！”妈妈边换拖鞋边说：“哦，你的作业写完了吗？”毛毛发亮的脸一下暗了下来，说：“还没。”妈妈一听就不高兴了：“那还不赶紧去写？”毛毛磨磨叽叽地坐到书桌边，开始写作业。过了一会儿，妈妈看见他正在走神，说：“发什么呆，赶紧写！你要是专心地一口气把作业写完，剩下的时间就能玩了，这道理你怎么就不明白呢？”说完她拉了把椅子坐下，看着毛毛写作业。毛毛埋头写着，妈妈突然说：“你这道题做错啦！”毛毛说：“没错啊！”妈妈给他讲了解题思路和正确答案，说：“我说你错了吧，还嘴硬！这么简单的题你也能做错，上课一定没好好听讲！”毛毛嘟起嘴，赌气地说：“我不写了！”妈妈也火了：“不写完作业就不许吃饭！”毛毛气鼓鼓地坐着，眼泪也涌了出来。

解 析

现如今，写作业成了亲子冲突的高发点，“作业大战”频频爆发，父母为之上火、焦虑。究其原因，根本上不是孩子“偷懒”“不好学”“不努力”，而多半是父母的控制惹的祸。

所谓控制，就是让孩子按父母的意愿和方式去做事，最终取得符合父母心意的结果。在生活中的很多事情上，父母都容易表现出控制，写作业这件事，因跟学习直接相关，在父母心中事关重大，就成了“控制”的重灾区。通常父母都会希望孩子写作业能写得好、写得快、写得对、写得专心、写得主动，一旦发现孩子的做法不符合预期，就会产生不满、焦虑等情绪，进而实施控制，采用各种办法，如说教、责备、不满、代劳、威胁、惩罚等，力图改变孩子的行为，来达到自己心目中的预期。

案例中毛毛的妈妈就是典型的控制欲比较强的家长。她以自己的意愿为中心，不关注孩子的感受。比如，她只关心孩子是否做完作业，是否做得对，是否听自己的话，而对于孩子一心想和她分享的玩具成果，她表现得漠不关心，尤其是在孩子表现出反抗情绪的时候，她便不能忍受，施加责骂。其实，每个孩子都有自己的方式和节奏。如果父母过多控制，不当干涉，反而容易破坏这一进程。一是孩子容易产生逆反心理，认为“作业是你们要我做的”；二是“作业大战”带来的糟糕的情绪记忆和心理体验，容易让孩子真的讨厌起写作业。这样一来，孩子就失去了自我管理的动力，甚至引发恶性循环导致“战火”升级，两败俱伤。父母的控制带来的冲突和后果，不仅体现在写作业上，而且可能体现在日常亲子相处的方方面面，需要父母多多自我省察。

家教指导

对于孩子的生活习惯以及管理能力的培养，家长需要明确一点：做所有这些事情的“主体”应该是孩子，而不是父母，父母要做的是管好自己的控制欲，把握好“进”

和“退”的关系。

1. 理性认识自己的控制欲，给孩子更多的选择权

家长要认识到，在教育孩子的过程中，很多做法背后有一些错误信念。例如，很多控制欲强的父母常常在想“我怎么做才能迫使我的孩子做”，这样的想法其实已经违背了教育的初衷，家长更多是在无意识地展示个人权威，而不是真的替孩子着想，而这个想法又很容易被孩子的不听话进一步激化，所以家长要不断反思自己教育方式背后的教育思想，将“我要迫使孩子做”改为“我怎么做才能帮助我的孩子更有可能选择做”，给孩子更多自由选择的权利。

2. 家长要学会适时地“退”，要管理好自己的控制欲

面对孩子时，父母一定要时时觉察自身的控制欲。父母所认为对的、好的方式，并不一定就是正确的、唯一的；不要一看到孩子做得不好、不顺利，就忍不住冲上前去实施控制。我们不妨“退”后一步，腾出足够的空间，让孩子自己去探索、试错、调整。父母的“退”后，就是用行动向孩子强调：这些事情需要由你来完成，爸爸妈妈相信你能做好。

3. 家长要学会科学地“进”，在恰当的时候提供必要

的帮助

“进”是用行动告诉孩子：这些事情对你来说确实有难度，如果你需要帮助，我愿意帮助你。帮助可以从两个方面进行。

一方面，当孩子遇到了一些挫折，例如，作业太多了，玩的时间过长导致作业来不及写了，作业写得不好被老师批评了感到沮丧、挫败、烦躁、生气等。这时父母要做的，既不应迫不及待地批评他，也不应跳出来告诉他应该怎么办，而是先要倾听他的感受，注意他的情绪，等他的情绪释放之后，问问孩子，他想要怎么办，他希望父母做点什么来帮助他。

另一方面，当孩子遇到他自己确实无法解决的难题，例如，作业题太难了。这时父母可以跟他一起去寻找解决方案，切忌代劳，始终把自己定位为“协助者”的角色。父母给孩子充分的自主权，孩子就能自由地去体验不同方案、不同安排带来的不同结果，从而学会比较与选择。自主能带来自信，进而形成真正的自律。

四、学会情绪管理

案 例

小虎妈妈下班回家时心情很烦躁。领导说有一个报告晚上必须改出来。她焦虑地做着饭，想吃完饭赶紧去加班。饭菜摆上桌，她喊：“小虎吃饭啦！”没有回应。她又一连喊了两声，终于听到小虎的声音：“我一会儿再吃！”妈妈腾地就火了：“赶紧来吃！再不来就别吃了！”小虎爸爸说：“他正专心玩乐高呢，你干吗非得催他。”小虎妈妈一听更火了：“你们还有理了！你们爷俩就知道衣来伸手、饭来张口，凭什么就我一人忙得上蹿下跳？我是你们的保姆吗？”小虎爸爸一看势头不对，赶紧埋头吃饭。妈妈觉得自己气得吃不下饭，冲到小虎房间，吼道：“我叫你多少遍了？！你没有耳朵吗？！”说完，夺下他手里的乐高，要把他拽到饭厅去。小虎尖叫：“不要！不要！你还给我！我不要吃饭！”妈妈继续使劲地拉着小虎，小虎挣扎着，试图去拨开妈妈的手，没想到在妈妈手背上抓出了一道红印。妈妈瞬间暴怒：“你居然敢抓我！”话音未落，她一巴掌就扇了过去。小虎“哇”地大哭起来。爸爸也冲进房间，三个人一时乱作一团。

解 析

父母在日常生活中往往面临各种的压力和考验，有的跟孩子相关，有的跟孩子无关。这些压力常让我们感到一地鸡毛、疲惫烦躁，内心涌动起各种负面情绪。这些情绪亟待寻找一个宣泄的出口，于是一点儿“小火苗”就足以把我们点爆。我们原本很想当温和的、有耐心的父母，但这种时候，我们感到自己的耐心变得极其有限，对孩子言行的包容度急剧下降。相信很多父母恐怕都会有这样的感受：自己面对朋友、同事、亲戚等人，总能宽容有耐心，可一旦面对孩子，却常常忍不住发脾气。气头上我们有各种批评、指责、不满、嘲讽、威胁、惩罚，还大吼大叫，面红耳赤，有时甚至辱骂或者殴打。从媒体上我们甚至看到父母把孩子打伤甚至打死的报道。这显然是情绪失控的极端案例。

案例中的场景在生活中很常见，小虎妈妈在工作带给她焦虑情绪的驱动下，加重了对孩子及丈夫的不耐烦情绪，而她自己并没有意识到家庭战争爆发的原因是她的情绪管理没有做好，反而归咎在其他家庭成员身上。父母如果不能管理好自己的情绪，就会在情绪的“劫持”下，以教育之名，给孩子带来不必要的伤害。

家教指导

学习情绪管理，是为人父母一门极其重要的必修课。以下三点建议供家长参考。

1. 学会觉察自己的情绪

当我们产生情绪时，我们要第一时间觉察到，并找出它们的来源。情绪有时来自工作中的受挫，有时来自夫妻关系，有时来自我们对孩子成长规律的无知或不够了解，有时来自我们自身的童年经历，有时仅仅只是累了。生活中总会发生各种各样触发我们情绪“警报”的情况，如果我们平时多多练习觉察，慢慢地就会对自身的情绪越来越敏感，在情绪刚刚露头，没有积压、转换、加剧之前，就可以相对更轻松地化解它。

2. 学会接纳我们的情绪

情绪是我们面对外部刺激自然而然的一种机体反应，它不分好坏，只分有无发生。无论是正面情绪（比如高兴、喜悦、兴奋、幸福、自豪等），还是负面情绪（比如恐惧、悲伤、沮丧、嫉妒、愤怒、羞耻等），都允许它们发生，不要评判它们，也不要压抑它们，不要一产生情绪就感到负疚或羞耻。

3. 学会用恰当的方式表达情绪

我们可以接纳自己的愤怒，但一定要控制自己在愤怒之下的攻击行为，不能任意指责、威胁、辱骂甚至殴打。我们无法控制外部的刺激与别人的意志，但我们可以控制自己的行为。例如，在情绪激烈汹涌时，我们试着专注于自己的呼吸，或者深呼吸几下，或者默数到二十，或者过一个晚上再作决策，用这样的方式阻断自己被情绪驱使着要立刻采取行动的冲动。等情绪有所缓和，再作出理智的选择和应对。

附录1

家长家庭教育基本行为规范*

第一条 依法履行对未成年子女的监护职责，承担家庭教育主体责任，坚持立德树人，树牢“家庭是人生的第一个课堂，父母是孩子的第一任老师”理念。

第二条 注重家庭、注重家教、注重家风，构建平等民主和谐的家庭关系，营造相亲相爱的家庭氛围，弘扬向上向善的家庭美德，为子女健康成长创造良好家庭环境。

第三条 保护子女合法权利，尊重子女独立人格，注重倾听子女诉求和意见，不溺爱，不偏爱，杜绝任何形式的家庭暴力，根据子女年龄特征和个性特点实施家庭教育。

第四条 注重子女品德教育，引导子女爱党、爱国、爱人民、爱社会主义，形成尊老爱幼、明礼诚信、友善助

---

* 全国妇联、教育部于2020年8月24日印发。

人等良好道德品质，遵守社会公德，增强法律意识和社会责任感，养成好思想、好品行、好习惯。

第五条 教育引导子女养成良好学习习惯，提升自主学习能力，保护子女的好奇心和学习兴趣，理性帮助子女确定成长目标，不盲目攀比，不增加子女过重课外负担，用德智体美劳全面发展的眼光评价子女。

第六条 促进子女身心健康发展，保证子女营养均衡，科学运动，睡眠充足，身心愉悦，帮助子女形成阳光心态、磨炼坚强意志、锻炼强健体魄，保持良好生活习惯，有针对性进行性健康和青春期教育，增强孩子自我保护的意识和能力。

第七条 培养子女健康的审美情趣和审美能力，引导和鼓励子女亲近大自然，参加社会实践和公益活动，善于发现美、欣赏美、创造美，陶冶高尚情操，提升文明素质。

第八条 教育引导子女树立正确的劳动观念，参加力所能及的劳动，在出力流汗中体会劳动创造美好生活，提高生活自理能力，养成良好劳动习惯。

第九条 注重自身言行，在日常生活中做到爱岗敬业，诚信友善，孝老爱亲，遵纪守法，为子女树立良好的榜样，与子女共同成长进步。

第十条　积极参与家校合作和社区活动，尊重教师和社区工作者，理性表达合理诉求，用好各类教育资源，在家庭、学校、社会协同育人中发挥作用。

附录2

全国家庭教育指导大纲（修订）*

为深入贯彻习近平总书记关于家庭教育的重要指示精神，落实全国教育大会精神，按照新时代党和政府对家庭教育以及未成年人思想道德建设工作的部署和要求，进一步深化家庭教育指导服务，提高全国家庭教育总体水平，促进儿童全面健康成长，依据《中华人民共和国宪法》及《中华人民共和国未成年人保护法》等相关法律法规，修订《全国家庭教育指导大纲》（以下简称《大纲》）。

一、适用范围

《大纲》适用于各级各类家庭教育指导机构、相关职能部门、社会团体、宣传媒体和家庭教育指导者，对新婚

* 全国妇联、教育部、中央文明办、民政部、文化和旅游部、国家卫生健康委员会、国家广播电视总局、中国科学技术协会、中国关心下一代工作委员会于2019年5月14日联合印发。

夫妇、孕妇、18岁以下儿童家长（父母或其他监护人）开展的家庭教育指导服务行为。

二、指导原则

家庭教育指导是指相关机构和人员为提高家长教育子女能力而提供的专业性支持服务和引导。家庭教育指导工作应坚持以下基本原则。

1. 思想性原则。遵循党的教育方针，以促进儿童全面健康成长为目标，以立德树人为根本任务，通过实施科学的家庭教育指导，推进家庭教育在培养德智体美劳全面发展的社会主义建设者和接班人中发挥重要基础作用。

2. 科学性原则。遵循家庭教育规律，为家长提供科学化、专业化、规范化的指导服务，家庭教育指导机构和指导者应具备相应的专业资质和能力。

3. 儿童为本原则。尊重儿童身心发展规律和个体差异，创设适合儿童成长的必要条件，保护儿童各项权利，促进儿童自然、全面、充分、个性发展。

4. 家长主体原则。确立为家长服务、提供支持的观念，尊重家长意愿，坚持需求导向，调动家长参与的积极性；引导家长注重提升自身素质，注重家庭建设和良好家风传承，促进亲子互动共同提高。

三、核心理念

1. 家庭教育是学校教育和社会教育的基础。家庭是人生的第一所学校，家长是孩子的第一任老师，家庭生活中父母对儿童的教育和影响，对其良好行为习惯、思想品德、价值观的形成，健全人格培养等都具有基础性作用。

2. 家庭教育重在教孩子如何做人。家庭教育要从养成良好习惯开始，逐步培育儿童正确的价值观，培养儿童热爱党、热爱祖国、热爱人民、热爱中华民族，明礼诚信、勤奋自立、友善助人、孝亲敬老等良好思想品德，增强儿童法律意识和社会责任感，使儿童养成好思想、好品德、好习惯、好人格，培养儿童与他人、与社会、与自然和谐相处的能力。

3. 家长是家庭教育的责任主体。家长在家庭教育中负有主体责任，要依法依规履行对子女的监护职责和抚养教育义务，了解监护人法定权利和义务，学习家庭教育知识，掌握家庭教育理念和方法，提升科学实施家庭教育的能力。

4. 家庭教育是家长和儿童共同成长的过程。家长素质是影响家庭教育的重要因素，家长应当努力做到举止文明、情趣健康、敬业进取、言行一致、好学善思，自觉践行社会主义核心价值观，以健康的思想、良好的品行教育影响儿童。

5. 家庭建设是家庭教育的重要保障。家庭要倡导尊老爱幼、夫妻和睦、勤俭持家、亲子平等、邻里团结的家庭美德，创建民主、文明、和睦、稳定的家庭关系。家庭成员要共同构建优秀家庭文化、传承良好家风，为儿童健康成长营造和谐的家庭环境。家长要学会优化家庭生活，为儿童提供健康向上、丰富多彩的活动。

6. 尊重儿童成长规律是家庭教育的前提。儿童期是人生的重要阶段，有其发展规律，家长在实施家庭教育时不能违背儿童成长规律。儿童成长既有共性也有个性，家庭教育要依据儿童成长特点，采取科学的教养方式。

7. 尊重和保护儿童权利是家庭教育的基础。儿童是独立的权利主体，有生命权、健康权和获得基本生活保障的权利，有充分发展其全部体能与智能的权利；有享有国家、社会、学校、家庭保护，不受歧视、虐待和忽视的权利；有参与家庭和社会生活并就影响他们生活的事项发表意见的权利，实施家庭教育要尊重和保护儿童的各项权利。

8. 家庭、学校、社会是促进儿童健康成长的共同体。家长要认识到家校社协同育人的重要意义，主动参与家校社协同教育，尊重教师，理性表达诉求，积极沟通合作，保持开放心态，引导儿童正确认识各种现象，科学合理利用各种教育资源，促进儿童健康成长。

四、分阶段指导内容及要求

儿童发展既有连续性又有阶段性，家庭教育指导服务应依据儿童在不同发展阶段的特点开展。

（一）新婚期及孕期的家庭教育指导要点

1. 做好怀孕准备。鼓励备孕夫妇学习优生优育优教的基本知识，并为新生命的诞生做好思想上、物质上的准备。引导备孕夫妇参加健康教育、健康检查、风险评估、咨询指导等专项服务。对于不孕不育者，引导其科学诊断、对症治疗，并给予心理辅导。

2. 注重孕期保健。指导孕妇掌握优生优育知识，配合医院进行孕期筛查和产前诊断，做到早发现、早干预；避免烟酒、农药、化肥、辐射等化学物理致畸因素，预防病毒、寄生虫等生物致畸因素的影响；科学增加营养，合理作息，适度运动，进行心理调适，促进胎儿健康发育。对于大龄孕妇、有致畸因素接触史的孕妇、怀孕后有疾病的孕妇以及具有其他不利优生因素的孕妇，督促其做好产前医学健康咨询及诊断。

3. 提倡自然分娩。指导孕妇认识自然分娩的益处，科学选择分娩方式；认真做好产前医学检查，并协助舒缓临盆孕妇的焦虑心理。帮助产妇做好情绪调节，预防和妥善应对产后抑郁。

4. 做好育儿准备。指导准家长学习育儿基本知识和方法，购置新生儿生活必备用品和保障母婴健康的基本用品；做好已有子女对新生子女的接纳工作；妥善处理好生育、抚养与家庭生活、职业发展的关系；统一家庭教育观念，营造安全、温馨的家庭环境。

（二）0—3岁儿童的家庭教育指导

1. 0—3岁儿童的身心发展特点

这是儿童身心发展最快的时期。儿童的身高和体重迅速增长，神经系统结构发展迅速；感知觉飞速发展；遵循由头至脚、由大动作至小动作的发展原则，逐步掌握人类行为的基本动作；语言能力迅速发展；表现出一定的交往倾向，乐于探索周围世界；对家长有强烈依赖感；道德发展处于前道德期。

2. 家庭教育指导内容要点

（1）提倡母乳喂养。指导乳母加强乳房保健，在产后尽早用正确的方法哺乳；在睡眠、情绪和健康等方面保持良好状态，科学饮食，增加营养；在母乳不充分的阶段采取科学的混合喂养，适时添加辅食。

（2）鼓励主动学习儿童日常养育和照料的科学知识与方法。引导家长让儿童多看、多听、多运动、多抚触，带领儿童开展适当的运动、游戏，增强儿童体质。指导家长按时为儿童预防接种，培养儿童健康的卫生习惯，注意科学的饮食调配；配合医疗部门完成相关疾病筛查，做好儿童生长发育监测，学会观察儿童，及时发现儿童发展中的异常表现，及早进行干预；学会了解儿童常见病的发病征兆及应对方法，掌握病后护理常识；了解儿童成长的特点和表现，学会倾听、分辨和理解儿童的多种表达方式。

（3）制订生活规则。指导家长了解儿童成长规律及特点，并据此制订日常生活规则，按照规则指导儿童的行为；采用鼓励、表扬等正面教育为主的方法，培养儿童健康生活方式。

（4）丰富儿童感知经验。指导家长创设儿童充分活动的空间与条件，充分利用日常生活环境中的真实物品和现象，让儿童在爬行、观察、听闻、触摸等活动过程中获得各种感知经验，促进感官发展。

（5）关注儿童需求。指导家长为儿童提供抓握、把玩、涂鸦、拆卸等活动的机会、工具和材料，用多种形式发展儿童的小肌肉精细动作和大肌肉活动能力；分享儿童的快乐，满足儿童好奇、好玩的认知需要，激发儿童想象力和好奇心。

（6）提供言语示范。指导家长为儿童创设宽松愉快的语言交往环境，通过表情、肢体、语言等多种方式与儿童交流；提高自身语言表达素养，为儿童提供良好的言语示范；为儿童的语言学习提供丰富的机会，运用多种方法鼓励儿童表达；积极回应儿童，鼓励儿童之间的模仿和交流。

（7）提高安全意识。提高家长有效看护意识和技能，指导家长消除居室和周边环境中的危险性因素，防止儿童意外伤害发生。

（8）加强亲子陪伴。指导家长认识到陪伴对于儿童成长的重要性，学会建立良好的亲子依恋关系，不用电子产品代替家长陪伴儿童，多与儿童一起进行亲子阅读；学习亲子沟通的技巧，与儿童建立开放的沟通模式；关注、尊重、理解儿童的情绪，合理对待儿童过度情绪化行为，有针对性地实施适合儿童个性的教养策略，培育儿童良好情绪；处理好多子女家庭的亲子关系、子女间的关系，让每个儿童都得到健康发展。

（9）重视发挥家庭各成员角色的作用。指导家长积极发挥父亲在家庭教育中的作用；了解父辈祖辈联合教养的正面价值，适度发挥祖辈参与的作用；引导祖辈树立正确的教养理念。

（10）做好入园准备。指导家长认识儿童社会性发展的重要性，珍视幼儿园教育的价值。入园前，指导家长有意识地培养儿童一定的生活自理能力及对简单规则的理解能力；入园后，指导家长与幼儿园教师积极沟通，共同帮助儿童适应入托环境，平稳度过入园分离焦虑期。

（三）3—6岁儿童的家庭教育指导

1. 3—6岁儿童的身心发展特点

这是儿童身心快速发展的时期。儿童的身高和体重稳步增长，大脑、神经、动作技能等获得长足的进步；自我独立意识增强，开始表现出一定兴趣、爱好、脾气等个性倾向；初步具备自我情绪调节能力；愿意与同伴交往，乐于分享；学习能力开始发展，语言表达能力强；依恋家长，会产生分离焦虑；处于道德他律期，独立性、延迟满足能力、自信心都有所发展。

2. 家庭教育指导内容要点

（1）积极带领儿童感知家乡与祖国的美好。指导家长通过和儿童一起外出游玩、观看影视文化作品等多种形式，了解有关家乡、祖国各地的风景名胜、著名建筑、独特物产等；适时向儿童介绍国旗、国歌、国徽的含义，带领儿童观看升国旗、奏国歌等仪式，培育儿童对家乡和祖国的朴素情感。

（2）引导儿童关心、尊重他人，学会交往。指导家长培养儿童尊重长辈、关心同伴的美德；关注儿童日常交往行为，对儿童的交往态度、行为及时提供帮助和辅导；结合实际情境，帮助儿童理解他人的情绪，了解他人的需要，做出适当的回应；引导儿童学会接纳差异，关注他人的感受；培养儿童多方面的兴趣、爱好和特长，增强儿童与人交往的自信心；经常带儿童接触不同的人际环境，为儿童创造交往机会，帮助儿童学会与同伴相处。

（3）培养儿童规则意识，增强社会适应性。指导家长结合儿童生活实际，为儿童制订日常生活规范、游戏规范、交往规范，遵守家庭基本礼仪；要求儿童完成力所能及的任务，培养责任感和认真负责的态度；有意识地带儿童走出家庭，接触丰富的社会环境，提高社会适应性；在儿童遇到困难时以鼓励、疏导的方式给予必要的帮助与支持。

（4）加强儿童营养保健和体育锻炼。指导家长积极带领儿童开展体育活动；根据儿童的个人特点，寻找科学合理又能被儿童接受的膳食方式；科学搭配儿童饮食，做到营养均衡、比例适当、饮食定量、调配得当；科学管理儿童的体重，学习关于儿童营养的科学知识；与儿童一起制订合理的家庭生活作息制度，培养儿童良好的生活和卫生习惯；定期带儿童做健康检查。

（5）丰富儿童感性经验。指导家长重视生活的教育价值，为儿童创设丰富的教育环境，带领儿童关心周围事物及现象，多开展接触大自然的户外活动，参观科技馆、博物馆、美术馆等，开阔儿童的眼界，丰富儿童的感性经验；尊重和保护儿童的好奇心和学习兴趣，支持和满足儿童通过直接感知、实际操作和亲身体验获取经验的需要，避免开展超出儿童认知能力的超前教育和强化训练。

（6）提高安全意识。指导家长尽可能消除居室和周边环境中的危险性因素；结合儿童的生活和学习，在共同参与的过程中对儿童实施安全教育；重视儿童的体能素质，提高其自我保护能力，减少儿童伤害。

（7）培养儿童生活自理能力和劳动意识。指导家长鼓励儿童做力所能及的事情，学习和掌握基本的生活自理方法，参与简单的家务劳动，在生活点滴中启发儿童的劳动意识，保护儿童的劳动兴趣。

（8）科学做好入学准备。指导家长重视儿童幼儿园与小学过渡期的衔接适应，充分尊重和保护儿童的好奇心和学习兴趣，帮助儿童形成良好的任务意识、规则意识、时间观念，学会控制情绪，能正确表达自己的主张，逐步培育儿童通过沟通解决同伴问题的意识和能力；坚决抵制和摒弃让儿童提前学习小学课程和教育内容的错误倾向。

（四）6—12岁儿童的家庭教育指导

1. 6—12岁儿童的身心发展特点

这一阶段儿童的生理发展处在相对平稳、均衡的时期，入学学习是儿童生活中的一个重大转折。儿童的身高和体重加速发展；大脑仍在持续快速发展，以具体思维为主，逐步向抽象思维过渡；情绪总体稳定，偶有较大波动；个人气质更加明显；能逐步客观进行自我评价，注重权威评价；社会交往能力增强，开始有较为稳定的同伴关系；学习能力逐步提高，学习策略逐步完善；自理能力增强。

2. 家庭教育指导内容要点

（1）培养儿童朴素的爱国情感。指导家长重视优秀传统文化的价值，了解家乡特色习俗和中华民族的共同习俗，过好中国传统节日和现代公共节日；开展家国情怀教育，多给儿童讲述仁人志士的故事、中华民族传统美德、国家发展的成就等；指导儿童写好中国字，说好中国话；初步了解优秀传统文化的内涵，培养儿童作为中华民族一员的归属感和自豪感。

（2）提升儿童道德修养。指导家长提升自身道德修养，处处为儿童做表率，结合身边的道德榜样和通俗易懂的道德故事，培养儿童良好的道德行为习惯；创设健康向上的家庭氛围；与学校、社会形成合力，净化家庭和社会文化环境；从大处着眼，从小事入手，及时抓住日常生活事件教育儿童孝敬长辈、尊敬老师，学会感恩、帮助他人，诚实为人、诚信做事。

（3）培养儿童珍惜生命、尊重自然的意识。指导家长将生命教育纳入生活实践中，带领儿童认识自然界的生命现象，帮助儿童建立热爱生命、珍惜生命、呵护生命的意识；抓住日常生活事件，增长儿童居家出行的自我保护意识及基本的自救知识与技能；引导儿童树立尊重自然、顺应自然、保护自然的发展理念，养成勤俭节约、低碳环保的生活习惯。

（4）培养儿童良好的学习习惯。指导家长注重儿童学习兴趣的培养，保护和开发儿童的好奇心，鼓励儿童的探索行为；引导儿童形成按时独立完成任务、及时总结、不懂善问的习惯，成为学习的主人；正确对待儿童的学习成绩，设置合理期望，不盲目攀比；用全面和发展的眼光看待、评价儿童，增强儿童学习信心。

（5）培养儿童健康的生活习惯。指导家长科学安排儿童的饮食，引导儿童养成健康的饮食习惯；培养儿童关注个人卫生和环境卫生，养成良好的卫生习惯；培养儿童良好作息习惯，保证儿童睡眠充足，每日睡足10小时；为儿童提供良好的学习环境，注意用眼卫生并定期检查视力；养成科学用耳习惯，控制耳机等娱乐性噪声接触，定期检查听力；引导并督促儿童坚持开展体育锻炼，培养一两项能够终身受益的体育爱好；配合卫生部门定期做好儿童健康监测。

（6）培养儿童的劳动习惯。指导家长正确认识劳动对儿童成长的价值；坚持从细微处入手，提高儿童的生活自理能力，养成生活自理的习惯；给儿童创造劳动的机会，教授儿童一定的劳动技能，培养劳动热情，树立劳动创造价值的观念；根据儿童的年龄特征、性别差异、身体状况等特点，安排适度的劳动内容、时间和强度，做好劳动保护；让儿童了解家庭收支状况，适度参与家庭财务预算，视家庭经济状况和儿童的年龄给适量的零用钱，引导儿童合理支配零用钱，形成正确的消费意识。

（7）积极参与家校社协同教育。指导家长主动与学校沟通联系，了解儿童在学校的学习、生活情况，与学校共同完成相应的教育活动，提高儿童的学习效果；参与学校的家长委员会、家长学校、家长会活动以及亲子活动等，自觉接受家庭教育指导；积极参与学校管理，主动根据需要联系社会资源，与学校共创良好育人环境。

（五）12—15岁儿童的家庭教育指导

1. 12—15岁儿童的身心发展特点

这是儿童从童年向成年的过渡期。儿童的生殖器官逐步发育，出现性冲动和性好奇；整体身体素质好；大脑发展迅速，抽象思维能力增强，记忆和观察水平不断提高；自尊心强，重视外表，建立自我同一性成为本阶段儿童最重要的任务；情绪波动大，敏感易怒，容易有挫折感，情感内隐；易和家长产生冲突；重视同伴交往及其评价，对父母依恋减少；责任心增强，自我控制能力有明显发展。

2. 家庭教育指导内容要点

（1）重视价值观教育。指导家长理解、践行社会主义核心价值观，以身作则，为儿童树立榜样；结合发生在家庭、学校和社会的事件开展价值观教育，培育儿童正确的思想观念和价值取向；通过儿童喜闻乐见的方式，讲好中国故事，用爱国主义激发儿童的梦想，让儿童能够结合自己的现实和未来，自觉践行爱国、敬业、诚信、友善等价值准则；让儿童学习正确认识与分析问题，分辨是非。

（2）重视儿童青春期人格发展。指导家长认识青春期儿童发展特征，不断调整教养方式；帮助儿童悦纳自我；尊重儿童自主意愿，鼓励儿童独立思考与理性表达；培养儿童应对挫折适应环境的能力和坚毅品格；引导儿童以合理的方式宣泄情绪，积极调控心理，自主自助，预防和克服各种可能产生的青春期心理障碍；正确对待儿童“叛逆”行为。

（3）增强儿童学习动力。指导家长帮助儿童树立正确的学习目标，将学习的外在动力转化为内在动力；培养儿童勤奋学习、持续学习的意志力；重视儿童学习方法和学习习惯的养成，帮助儿童形成制订合理的学习计划的能力；指导儿童正确应对学习压力，克服考试焦虑，在儿童考试受挫时鼓励儿童。

（4）提高儿童信息素养。指导家长正确认识媒介对儿童的影响，掌握必要的信息知识与方法；了解儿童使用各种媒介的情况，培养儿童对信息的是非辨别能力和加工能力；鼓励儿童在使用网络等媒介的过程中学会自我保护、自我尊重、自我发展；丰富儿童生活，规范上网行为，预防网络依赖；了解网络沉溺标准，能够在专业机构和人员的帮助下，指导儿童戒除网络沉溺行为。

（5）对儿童进行性教育。指导家长充分了解青春期生理卫生知识，对儿童开展适时、适度的性教育，让儿童了解必要的青春期知识，认识并适应身体的生理变化；开展科学的性心理辅导，对儿童进行与异性交往的指导；加强对儿童的性道德教育，帮助儿童认识到对性健康和生殖健康应当采取负责任的态度和行为。

（6）构建良好的亲子关系。指导家长与儿童平等相处，理解儿童自主愿望，保护儿童隐私权；学会倾听儿童的意见和感受，学会尊重、欣赏、认同和分享儿童的想法；学会运用民主、宽容的语言和态度对待儿童，促进良性亲子沟通。

（7）重视生涯规划指导。指导家长正确认识自己的孩子，帮助儿童客观认识自我，勇于面对现实，保持信心；支持儿童参与志愿服务、研学等社会实践活动，协同学校合理安排儿童进行一定的农业生产、工业体验、服务业实习等劳动实践，引导儿童加深对各种职业的了解；协助儿童综合分析学业水平、兴趣爱好，并根据个性特征合理规划未来；宽容对待儿童在做自我选择时与家长的分歧。

（六）15—18 岁儿童的家庭教育指导要点

1. 15—18 岁儿童的身心发展特点

这一阶段的儿童已经进入青春中后期。儿童在外貌上与成人接近，身体各器官逐步发育成熟，发育进入相对稳定期；认知结构的完整体系基本形成，抽象逻辑思维占据优势地位；情绪不稳定，情感内隐，易感到孤独；重视同性和异性的友谊，并可能萌发爱慕感情；自制力和意志力增强但仍不成熟；独立性强，有决断力；观察力、联想能力迅速发展。

2. 家庭教育指导内容要点

（1）引导儿童树立国家意识。指导家长引导儿童树立国家意识，增强儿童的公民意识和社会责任感，关注社会发展，将个人理想与国家需要相结合，认识国家前途、命运与个人价值实现的统一关系，学会将个人理想与国家的发展、现实的奋斗相结合。

（2）培养儿童法治观念。指导家长加强法律知识学习，正确理解自由、平等、公正、法治的内在含义及其要求，成为儿童尊法、学法、守法、用法的榜样；掌握家庭法治教育的内容和方法，引导儿童树立权利与义务相统一的观念，养成尊法守法的行为习惯，学会在法律和规则框架内实现个人的自由意志；与儿童建立民主、平等的关系，切实维护儿童权益。

（3）提高儿童交往合作能力。指导家长根据该年龄段儿童个性特点，引导儿童积极开展社交活动和正常的异性交往；以性道德、性责任、性健康、预防和拒绝不安全性行为为重点，开展性教育；对有恋爱行为的儿童，给予正确引导；鼓励儿童在集体生活中锻炼自己，学会与人相处，体验与人合作的快乐；帮助儿童学会宽容待人，正确对待友谊；了解校园欺凌行为的性质、特点及家校合作的基本处理方法。

（4）培养儿童的责任意识。指导家长通过召开家庭会议等形式，与儿童平等、开放地讨论家庭事务，共同分担家庭的责任和义务，培养儿童的家庭责任感；引导儿童树立社会责任感，正确处理个人与自我、与他人、与社会的关系，勇于承担责任。

（5）加强儿童美育。指导家长培养儿童正确的审美观，具有发现美、欣赏美、表现美的能力；让儿童接触、欣赏自然美，培养热爱自然环境、热爱祖国美好河山的情感；欣赏文学和艺术，发展想象和表现美的能力；明确内在美与外在美的关系，理解劳动能创造美；加强自身修养，践行文明礼仪；增强对个性美的感受，提高自我评价能力，形成文明健康的生活方式。

（6）指导儿童以平常心对待升学。指导家长在迎考期间保持正常、有序的家庭生活，科学、合理安排生活作息，保证儿童劳逸结合，身心愉快；保持适度期待，鼓励儿童树立自信心，以平常心面对考试；为儿童选择志愿提供参考意见，并尊重儿童对自身的未来规划与发展意愿。

（七）特殊家庭、特殊儿童的家庭教育指导

帮助家长了解国家对特殊儿童及相应家庭的支持政策，引导家长接受儿童的身心状况及家庭现状，调整心态，合理期望；学会获取社会公共服务。

1. 特殊家庭的家庭教育指导

（1）离异和重组家庭的家庭教育指导。引导家长正确认识和处理婚姻存续与教养职责之间的关系，对儿童的教养责任不因夫妻离异而撤销，父母不能以离异为理由拒绝履行家庭教育的职责。指导家长学会调节和控制情绪，不在儿童面前流露对离异配偶的不满，避免将自身婚姻失败与情感压力迁怒于儿童；不简单粗暴或者无原则地迁就、溺爱儿童；强化非监护方的父母角色与责任，增强履职意识与能力，定期让非监护方与儿童见面，强化儿童心目中父（母）亲的形象和情感；调动亲戚、朋友中的性别资源给儿童适当的影响，帮助其性别角色充分发展。指导重组家庭的夫妇多关心、帮助和亲近儿童，减轻儿童的心理压力，帮助儿童正视现实；对双方子女一视同仁；加强家庭成员间的沟通，创设平和、融洽的家庭氛围。

（2）农村留守儿童的家庭教育指导。指导农村留守儿童家长增强父母是家庭教育和儿童监护责任主体的意识，依法依规履行家长义务，承担起对农村留守儿童监护和抚养教育的责任，确保农村留守儿童得到妥善监护照料、亲情关爱和家庭温暖。让家长了解陪伴对于儿童成长的价值，劝导家长尽量有一方在家照顾儿童，有条件的家长尤其是0—3岁儿童母亲要把儿童带在身边，尽可能保证儿童早期身心呵护、母乳喂养的正常进行。指导农村留守儿童家长或被委托监护人重视儿童教育，多与儿童交流沟通，对儿童的道德发展和精神需求给予充分关注。

（3）流动人口家庭的家庭教育指导。鼓励家长勇敢面对陌生环境和生活困难，为儿童创造良好的生活环境；处理好家庭成员之间的关系，为儿童创设宽松的心理环境；多与儿童交流，帮助儿童适应新的环境，了解儿童对于新环境的适应情况；与学校加强联系，共同为儿童创造良好的学习环境。

（4）服刑人员家庭的家庭教育指导。指导监护人多关爱儿童；善于发现儿童的优点，用教育力量和爱心培养儿童的自尊心；信任儿童，并引导儿童调整心态，保证心理健康；定期带儿童探望父（母），满足儿童思念之情；与学校积极联系，共同为儿童成长创造良好环境。

2. 特殊儿童的家庭教育指导

（1）智力障碍儿童的家庭教育指导。指导家长树立医教结合的观念，引导儿童听从医生指导，拟定个别化医疗和教育训练计划；通过积极的早期干预措施改善障碍状况，并培养儿童社会适应能力；引导家长坚定信心、以身作则，重视儿童的日常生活规范训练，并循序渐进、持之以恒。

（2）听力障碍儿童的家庭教育指导。指导家长积极寻求早期干预，主动参与儿童语训，在专业人士协助下制定培养方案，充分利用游戏的价值，重视同伴交往的作用，发展儿童听力技能和语言交往技能，不断改善儿童社会交往环境，逐步提高儿童的社会适应能力；加强对儿童的认知训练、理解力训练、运动训练和情绪训练。

（3）视觉障碍儿童的家庭教育指导。指导家长及早干预，根据不同残障程度发展儿童的听觉和触觉，以耳代目、以手代目，提升缺陷补偿。对于低视力儿童，指导家长鼓励儿童运用余视力学习和活动，提高有效视觉功能。对于全盲儿童，指导家长训练其定向行走能力，增加其与外界接触机会，增强其交往能力。

（4）肢体残障儿童的家庭教育指导。指导家长早期积极借助医学技术加强干预和矫正，使其降低残障程度，提高活动机能；营造良好家庭氛围，用乐观向上的心态感染儿童；鼓励儿童正视现实、积极面对困难；教育儿童通过自己的努力，积极寻求解决问题的方法，以获取信心。

（5）精神心理障碍儿童的家庭教育指导。引导家长营造良好家庭氛围，给予儿童足够的关爱；加强与儿童的沟通与交流，避免儿童遭受不良生活的刺激；支持、尊重和鼓励儿童，多向儿童表达积极情感；多给儿童创造与伙伴交往的机会，培养儿童集体意识，减少其心理不良因素；积极寻求专业帮助，通过早期干预改善疾病状况，提升儿童社会适应能力和生活自理能力，促进疾病康复。

（6）智优儿童的家庭教育指导。引导家长深入了解儿童的潜力与才能，正确、全面地评估儿童；从儿童的性格、气质、兴趣、能力、外部条件等实际出发，因材施教，循序渐进地开发儿童智力，发展儿童特长；坚持德智体美劳全面发展，提高儿童的综合素质；正确对待儿童的荣誉，引导儿童正确认识自己和他人，鼓励儿童在人群中平等交流与生活。

五、保障措施

1. 加强组织领导。各地各相关部门要高度重视，加强对《大纲》实施工作的领导，在组织开展社会宣传、理论研究、教材开发、骨干培训、工作督导评估时，都要以《大纲》为依据和框架。同时要引导和帮助家庭教育指导机构和指导者根据《大纲》要求开展家庭教育指导工作。

2. 明确职责分工。各地各相关部门要结合地方实际和部门职能，统筹制定实施计划，指导所属家庭教育指导机构按照《大纲》内容开展家庭教育支持服务工作。

3. 注重资源整合。各地各相关部门要加大家庭教育指导工作经费的投入，争取将家庭教育指导纳入地方财政预算或相关民生工程。要统筹各方面力量，完善共建机制，形成政府、学校、家庭、社会密切配合的家庭教育社会支持网络。

4. 加强理论研究。各地各相关部门要指导推动各级各类家庭教育研究会（学会）以及高校、科研机构加强家庭教育理论研究，在《大纲》框架下，组织研发指导教材等服务产品、制定监测评估标准等，推动加快家庭教育学科建设，努力构建家庭教育理论和学科体系。

5. 抓好队伍建设。各地各相关部门要按照《大纲》要求，对家庭教育指导者、家庭教育工作骨干、中小学幼儿园教师、托育服务机构工作人员等加强系统化的专业知识培训，提升家庭教育指导服务队伍的专业化水平，形成专兼结合、具备指导能力的家庭教育指导工作队伍。

6. 培育社会组织。各地各相关部门要加强家庭教育指导的专业社会组织的培育与孵化。以项目制的方式开展培训与资源整合，鼓励社会组织进驻社区开展家庭教育指导，让家长享受到家门口的专业家庭教育指导与咨询。

7. 扩大社会宣传。各地各相关部门要通过多种渠道，大力宣传《大纲》主要内容和实践要求，使正确的家庭教育理念和科学的家庭教育知识深入人心，为家庭教育工作开展营造良好的社会氛围。

附录3

教育部关于加强家庭教育工作的指导意见

教基一〔2015〕10号

各省、自治区、直辖市教育厅（教委），新疆生产建设兵团教育局：

为深入贯彻党的十八大和十八届三中、四中全会精神以及习近平总书记系列重要讲话精神，落实教育规划纲要，积极发挥家庭教育在少年儿童成长过程中的重要作用，促进学生健康成长和全面发展，现就加强家庭教育工作提出如下指导意见。

一、充分认识加强家庭教育工作的重要意义

家庭是社会的基本细胞。注重家庭、注重家教、注重家风，对于国家发展、民族进步、社会和谐具有十分重要的意义。家庭是孩子的第一个课堂，父母是孩子的第一任老师。家庭教育工作开展的如何，关系到孩子的终身发展，关系到千家万户的切身利益，关系到国家和民族的未来。近年来，经过各地不断努力探索，家庭教育工作取得了积极进展，但还存在认识不到位、教育水平不高、相关资源缺乏等问题，导致一些家庭出现了重智轻德、重知轻能、过分宠爱、过高要求等现象，影响了孩子的健康成长和全面发展。当前，我国正处在全面建成小康社会的关键阶段，提升家长素质，提高育人水平，家庭教育工作承担着重要的责任和使命。各地教育部门和中小学幼儿园要从落实中央“四个全面”战略布局的高度，不断加强家庭教育工作，进一步明确家长在家庭教育中的主体责任，充分发挥学校在家庭教育中的重要作用，加快形成家庭教育社会支持网络，推动家庭、学校、社会密切配合，共同培养德智体美劳全面发展的社会主义建设者和接班人。

二、进一步明确家长在家庭教育中的主体责任

1. 依法履行家庭教育职责。教育孩子是父母或者其他监护人的法定职责。广大家长要及时了解掌握孩子不同年龄段的表现和成长特点，真正做到因材施教，不断提高家庭教育的针对性；要始终坚持儿童为本，尊重孩子的合理需要和个性，创设适合孩子成长的必要条件和生活情境，努力把握家庭教育的规律性；要提升自身素质和能力，积极发挥榜样作用，与学校、社会共同形成教育合力，避免缺教少护、教而不当，切实增强家庭教育的有效性。

2. 严格遵循孩子成长规律。学龄前儿童家长要为孩子提供健康、丰富的生活和活动环境，培养孩子健康体魄、良好生活习惯和品德行为，让他们在快乐的童年生活中获得有益于身心发展的经验。小学生家长要督促孩子坚持体育锻炼，增长自我保护知识和基本自救技能，鼓励参与劳动，养成良好生活自理习惯和学习习惯，引导孩子学会感恩父母、诚实为人、诚实做事。中学生家长要对孩子开展性别教育、媒介素养教育，培养孩子积极学业态度，与学校配合减轻孩子过重学业负担，指导孩子学会自主选择。切实消除学校减负、家长增负，不问兴趣、盲目报班，不做“虎妈”“狼爸”。

3. 不断提升家庭教育水平。广大家长要全面学习家庭教育知识，系统掌握家庭教育科学理念和方法，增强家庭教育本领，用正确思想、正确方法、正确行动教育引导孩子；不断更新家庭教育观念，坚持立德树人导向，以端正的育儿观、成才观、成人观引导孩子逐渐形成正确的世界观、人生观、价值观；不断提高自身素质，重视以身作则和言传身教，要时时处处给孩子做榜样，以自身健康的思想、良好的品行影响和帮助孩子养成好思想、好品格、好习惯；努力拓展家庭教育空间，不断创造家庭教育机会，积极主动与学校沟通孩子情况，支持孩子参加适合的社会实践，推动家庭教育和学校教育、社会教育有机融合。

三、充分发挥学校在家庭教育中的重要作用

1. 强化学校家庭教育工作指导。各地教育部门要切实加强对行政区域内中小学幼儿园家庭教育工作的指导，推动形成政府主导、部门协作、家长参与、学校组织、社会支持的家庭教育工作格局。中小学幼儿园要建立健全家庭教育工作机制，统筹家长委员会、家长学校、家长会、家访、家长开放日、家长接待日等各种家校沟通渠道，逐步建成以分管德育工作的校长、幼儿园园长、中小学德育主任、年级长、班主任、德育课老师为主体，专家学者和优秀家长共同参与，专兼职相结合的家庭教育骨干力量。将家庭教育工作纳入教育行政干部和中小学校长培训内容，将学校安排的家庭教育指导服务计入工作量。

2. 丰富学校指导服务内容。各地教育部门和中小学幼儿园要坚持立德树人根本任务，将社会主义核心价值观融入家庭教育工作实践，将中华民族优秀传统家庭美德发扬光大。要举办家长培训讲座和咨询服务，开展先进教育理念和科学育人知识指导；举办经验交流会，通过优秀家长现身说法、案例教学发挥优秀家庭示范带动作用。组织社会实践活动，定期开展家长和学生共同参与的参观体验、专题调查、研学旅行、红色旅游、志愿服务和社会公益活动。以重大纪念日、民族传统节日为契机，通过丰富多彩、生动活泼的文艺、体育等活动增进亲子沟通和交流。及时了解、沟通和反馈学生思想状况和行为表现，营造良好家校关系和共同育人氛围。

3. 发挥好家长委员会作用。各地教育部门要采取有效措施加快推进中小学幼儿园普遍建立家长委员会，推动建立年级、班级家长委员会。中小学幼儿园要将家长委员会纳入学校日常管理，制订家长委员会章程，将家庭教育指导服务作为重要任务。家长委员会要邀请有关专家、学校校长和相关教师、优秀父母组成家庭教育讲师团，面向广大家长定期宣传党的教育方针、相关法律法规和政策，传播科学的家庭教育理念、知识和方法，组织开展形式多样的家庭教育指导服务和实践活动。

4. 共同办好家长学校。各地教育部门和中小学幼儿园要配合妇联、关工委等相关组织，在队伍、场所、教学计划、活动开展等方面给予协助，共同办好家长学校。中小学幼儿园要把家长学校纳入学校工作的总体部署，帮助和支持家长学校组织专家团队，聘请专业人士和志愿者，设计较为具体的家庭教育纲目和课程，开发家庭教育教材和活动指导手册。中小学家长学校每学期至少组织1次家庭教育指导和1次家庭教育实践活动。幼儿园家长学校每学期至少组织1次家庭教育指导和2次亲子实践活动。

四、加快形成家庭教育社会支持网络

1. 构建家庭教育社区支持体系。各地教育部门和中小学幼儿园要与相关部门密切配合，推动建立街道、社区（村）家庭教育指导机构，利用节假日和业余时间开展工作，每年至少组织2次家庭教育指导和2次家庭教育实践活动，将街道、社区（村）家庭教育指导服务纳入社区教育体系。有条件的中小学幼儿园可以派教师到街道、社区（村）挂职，为家长提供公益性家庭教育指导服务。

2. 统筹协调各类社会资源单位。各地教育部门和中小学幼儿园要积极引导多元社会主体参与家庭教育指导服务，利用各类社会资源单位开展家庭教育指导和实践活动，扩大活动覆盖面，推动有条件的地方由政府购买公益岗位。依托青少年宫、乡村少年宫、儿童活动中心等公共服务阵地，为城乡不同年龄段孩子及其家庭提供家庭教育指导服务。鼓励和支持有条件的机关、社会团体、企事业单位为家长提供及时便利的公益性家庭教育指导服务。

3. 给予困境儿童更多关爱帮扶。各地教育部门和中小学幼儿园要指导、支持、监督家庭切实履行家庭教育职责。要特别关心流动儿童、留守儿童、残疾儿童和贫困儿童，鼓励和支持各类社会组织发挥自身优势，以城乡儿童活动场所为载体，广泛开展适合困境儿童特点和需求的家庭教育指导服务和关爱帮扶。倡导企业履行社会责任，支持志愿者开展志愿服务，引导社会各界共同参与，逐步培育形成家庭教育社会支持体系。

五、完善家庭教育工作保障措施

1. 加强组织领导。各地教育部门要在当地党委、政府的统一领导下，把家庭教育工作列入重要议事日程，建立家庭教育工作协调领导机制，制订实施办法。积极争取政府统筹安排相关经费，中小学幼儿园要为家庭教育工作提供必要的经费保障。把家庭教育工作作为中小学幼儿园综合督导评估的重要内容，开展督导工作。中小学幼儿园要结合实际制订推进家庭教育工作的具体方案，做到责任到人，措施到生。

2. 加强科学研究。各地教育部门要坚持问题导向，通过设立一批家庭教育研究课题，形成一批高质量家庭教育研究成果。依托有相关基础的高等学校或其他机构推动成立家庭教育研究基地，发挥各级教育学会家庭教育专业委员会和家庭教育学会（研究会）等社会组织、学术团体的作用，重视家庭教育理论研究和家庭教育学科建设，探索建立具有中国特色的家庭教育理论体系。

3. 加强宣传引导。各地教育部门要开展家庭教育工作实验区和示范校创建工作，充分培育、挖掘和提炼先进典型经验，以点带面，整体推进。教育部将遴选确定部分地区为全国家庭教育实验区，部分学校为全国家庭教育示范校。各地教育部门和中小学幼儿园要树立先进家庭典型，宣传优秀家庭教育案例，引导全社会重视和支持家庭教育工作，为家庭教育工作营造良好的社会环境和舆论氛围。

教育部

2015年10月11日

后记

为贯彻落实习近平总书记关于家庭教育工作的重要指示，按照全国教育大会的重要部署，教育部将“家校协同育人”攻坚行动列入2019年“奋进之笔”攻坚计划，组织编写《家庭教育指导手册》是其中一项重要工作。教育部党组书记、部长陈宝生非常关心手册的编写工作，并提出了明确要求；教育部党组成员、副部长郑富芝对手册编写工作进行了直接指导；教育部基础教育司负责统筹组织工作，司长吕玉刚对手册的基本定位、整体构想、撰写框架等提出了具体意见，副司长俞伟跃、陈东升主持编写工作并审定全书，德育处处长荣雷参与了书稿的组织、编写和审改工作。

中国教育学会专门成立工作组，会长朱之文直接领导，秘书长杨银付、副秘书长张东燕统筹推动《家庭教育指导手册》的编写工作。中国教育学会常务理事、中国儿童中心党委书记丛中笑牵头组织《家庭教育指导手册　家长卷》具体编写工作，中国儿童中心苑立新多次参与指导编写工作，霍雨佳、马学阳负责编写专家的组织和书稿审阅工作。各专题主笔人员为：首都师范大学钟晓琳（专题一），北京师范大学边玉芳（专题二），北京师范大学蔺秀云（专题三），北京第一六一中学分校张妮（专题四），广州市少年宫张海波（专题五），中国教育科学研究院单志艳（专题六），北京汇文中学胡迟、岳丽、果静雅（专题七），青豆书坊苏元（专题八）。参加书稿撰写的专家还有：上海市教育委员会教学研究室贺明菊，清华大学刘建国，首都师范大学胡谱忠，中国儿童中心霍雨佳、马学阳、任金涛、肖凤秋、谢娟、王润洁、王萍、崔岳、邱天敏、霍亮等。参与审定的专家有：中国儿童中心丛中笑、中国教育学会家庭教育专业委员会孙云晓、中国人民公安大学李玫瑾、北京师范大学赵忠心、东北师范大学赵刚、北京市正泽学校李烈、北京金融街润泽学校刘长铭。人民教育出版社对丛书的编辑出版工作高度重视，总编辑郭戈亲自指导，丛书责编刘立德、韩华球和各册责编认真负责，付出许多辛劳。谨在此一并致谢！

由于受篇幅限制，本书内容难以面面俱到，不妥之处恳请广大读者批评指正。

《家庭教育指导手册　家长卷》编写组

2020年10月